Jakob J. Petuchowski

Mein Judesein

W0197949

HERDER / SPEKTRUM

Band 4092

Das Buch

Dieses Buch erzählt vom Weg einer der großen Gestalten des heutigen Judentums, einem Weg, der im orthodoxen Milieu Berlins seinen Ausgang nahm. Es ist aber auch eine Einführung in die geistige Welt des modernen Judentums, wie es heute bei uns weitgehend unbekannt ist. Und schließlich ist es die ganz persönliche Stellungnahme eines Theologen der Gegenwart zu religiösen Grundfragen unserer Zeit. Jakob J. Petuchowski, Sproß einer rabbinischen Familie mit altehrwürdiger Tradition und orthodoxer Prägung, war ein Dreizehnjähriger, als er im Mai 1939 mit einem „Kindertransport" Berlin verließ, um den Verfolgungen der Nationalsozialisten zu entgehen. Er faßte den Entschluß, nie mehr in dieses Land zurückzukehren. Eine glanzvolle akademische Karriere führte ihn nach Jerusalem, Oxford und Harvard. Am Hebrew Union College in Cincinnati, USA, wurde er, weltweit der erste jüdische Gelehrte an einem Rabbinerseminar, auf einen Lehrstuhl für christlich-jüdische Studien berufen. Seit der Mitte der 70er Jahre kehrte er zu zahlreichen Vorlesungen und Vorträgen wieder nach Deutschland zurück. Wie begegnet er heute den Deutschen? Wie den Christen? Dieses Buch führt ein in die spannungsreiche Vielfalt und Lebendigkeit moderner religiöser jüdischer Existenz. Petuchowski zeigt, wie er das Neue Testament als Jude liest, wie ein moderner jüdischer Theologe die traditionellen Lehren über Gott, Offenbarung und Israel versteht und wie er als deutscher Jude in Amerika heute sein Verhältnis zu Deutschland sieht. Ein notwendiges Buch – für jüdische, christliche und für deutsche Leser.

Der Autor

Jakob J. Petuchowski, geb. 1925 in Berlin, gest. am 12. 11. 1991 in Cincinnati, Dr. Dr. h. c. mult., war einer der letzten großen Vertreter des deutschen gelehrten Judentums. Der Professor für jüdisch-christliche Studien am Hebrew Union College, Cincinnati, Ohio, hat mit zahlreichen Publikationen seit der Mitte der 70er Jahre den christlich-jüdischen Dialog auch im deutschsprachigen Raum maßgeblich geprägt und gefördert. Er lehrte zuletzt auch an der Arizona State University. Unter seinen Werken: Es lehrten unsere Meister; (mit Clemens Thoma) Lexikon der jüdisch-christlichen Begegnung.

Jakob J. Petuchowski

Mein Judesein

Wege und Erfahrungen
eines deutschen Rabbiners

Herder

Freiburg · Basel · Wien

Originalausgabe

Alle Rechte vorbehalten – Printed in Germany
© Verlag Herder Freiburg im Breisgau 1992
Herstellung: Freiburger Graphische Betriebe 1992
Umschlaggestaltung: Joseph Pölzelbauer
Umschlagmotiv: Ben Shan, Widderhorn und Menorah, 1958.
© VG Bild-Kunst, Bonn 1991
ISBN 3-451-04092-1

Dem Andenken meiner Lehrer
und der Ermutigung meiner Schüler

Inhalt

VORWORT

In seinem Vorwort zu der deutschen Übersetzung von Aimé Pal-
lières Buch *Das unbekannte Heiligtum* schrieb Leo Baeck, daß das
jüdische religiöse Schrifttum hinter anderen darin zurückstehe,
daß es keine „Bekenntnisse" aufweise, die neben den Konfessio-
nen Augustins oder den Beichten Kierkegaards ihren Platz hätten.
Baeck führt diesen Mangel auf eine Eigenart des Judentums zurück: Der Mensch ist hier immer und unmittelbar vor Gott hinge-
führt und in die Unendlichkeit und Ewigkeit hingestellt. Das
jüdische Ich spricht sich im Gebet vor Gott aus, nicht in einem
für Menschen geschriebenen literarischen Werk.[1]

Dennoch wollen die folgenden Seiten so etwas wie eine *confessio* darstellen – zwar nicht als literarisches Meisterwerk, wozu ich
mich nicht befähigt fühle, und auch nicht, weil ich etwas schreiben wollte, was – nach Leo Baeck – jüdischem Schrifttum wesens-
fremd sein würde, sondern weil es in unserem Zeitalter nicht
mehr möglich ist, Religion als etwas rein Abstraktes darzustellen,
etwas, das der Mensch rein passiv in sich aufnimmt. Religion,
auch jüdische Religion, war ja schon immer etwas, das den Menschen mit Gott und Gott mit den Menschen verband, geht doch
das Wort „Religion" ursprünglich auf das lateinische *ligare* (zu-
sammenbinden) zurück. Was Gott zu sagen hat, soll allgemein bekannt sein. Manchmal ist es aber notwendig, daß auch der
Mensch zu Worte kommt.

An sich will dieses Buch die Darstellung einer heutigen Form
jüdischer Existenz sein, das seinen Inhalt aus den religiösen Quellen der jüdischen Tradition schöpft, so etwas wie eine kurzgefaßte
summa also. Eine derartige Darstellung kann heute aber nur dann
Glaubwürdigkeit beanspruchen, wenn ein moderner Jude auch
davon berichtet, *wie, wann* und *warum* er zu den Anschauungen

gelangt ist, die in der *summa* zum Ausdruck kommen. Daher mußte notwendigerweise die *summa* mit einer *confessio* verbunden werden. Es geht hier also nicht darum, wie ein moderner Jude die traditionellen Lehren über Gott, Offenbarung und die Glaubens-Gemeinschaft Israels sich selbst und anderen erklärt, sondern auch um den Weg, den er als Individuum in einer freien Gesellschaft zu diesen Lehren gefunden hat. Wäre es nicht so, dann bräuchten keine neuen Bücher mehr über das Judesein geschrieben werden. Das bereits von den Koryphäen der Vergangenheit Niedergeschriebene würde völlig und auf alle Ewigkeit genügen. Aber die Unmittelbarkeit der religiösen Suche und Erfahrung eines Zeitgenossen würde dadurch den Leserinnen und Lesern entgehen, also etwas, mit dem sie sich unter Umständen selbst identifizieren könnten.

Aber noch ein anderer Zweck soll hier verfolgt werden. Die Welt, in der mein Judesein begann, existiert nicht mehr. Die großen Meister, denen ich mein Wissen und meine Geisteshaltung verdanke, sind tot. Der Wunsch, einer neuen Generation wenigstens eine gewisse Ahnung von dieser Welt und von der Persönlichkeit meiner Lehrer zu vermitteln, hat mich zum Schreiben dieses Buches mitveranlaßt

Cincinnati, Ohio, U. S. A.
20. Abh 5751/31. Juli 1991

Jakob J. Petuchowski

I

„Mein" Judesein

„Mein" Judesein! Leo Baeck (1873–1956), den ich meinen Lehrer nennen durfte, hätte sich mit einer derartigen Formulierung nicht einverstanden erklärt. Während seiner langen rabbinischen Laufbahn hatte er nämlich stets darauf geachtet, das Wort „ich" in seinen Predigten zu vermeiden. Was der einzelne Rabbiner denkt oder fühlt, erklärte Leo Baeck, sollte für seine Gemeinde von wenig Interesse sein, und von der Kanzel Gebrauch zu machen, um seine persönlichen Überzeugungen und Vorlieben bekanntzugeben, würde einen Mißbrauch der Kanzel bedeuten. Die Rolle des Rabbiners ist die eines Verkünders des Judentums. Das Judentum selbst muß durch den Rabbiner sprechen, wenn er seiner Gemeinde predigt. Die Gemeinde hat das Recht zu hören, was das Judentum zu einem bestimmten Thema zu sagen hat. Im Vergleich zum Judentum sinkt der einzelne Rabbiner in die Bedeutungslosigkeit herab.

Leo Baecks Einstellung war eine natürliche Folge seiner Auffassung des Judentums. Er wußte, worin das Judentum bestand und gegen was es sich wandte. Nicht etwa, daß er eine vereinfachte und naive Vorstellung vom Judentum hatte. Ganz im Gegenteil! Sehr wenige unter den modernen Erklärern des Judentums haben so gut wie Leo Baeck die Rolle der Paradoxie in der Religion im allgemeinen und ganz besonders im Judentum verstanden. „Es ist ein Zwiefaches." Diese Redewendung war bezeichnend für Baecks Kanzelrhetorik und gehörte zu seinem literarischen Stil. Bei Themen wie etwa „Universalismus und Partikularismus", „Geheimnis und Gebot" und „Göttliche Transzendenz und Immanenz" war es gerade Leo Baeck, der seine Hörer und Leser auf die Wichtigkeit des Wortes „und" aufmerksam machte und sie davor warnte, der Spannung mit einem „Entweder / Oder" zu entgehen.

Aber bei allem Bewußtsein hinsichtlich der dem Judentum innewohnenden Spannungen hegte Leo Baeck nie einen Zweifel daran, daß es ein definierbares „Wesen des Judentums" gibt; ihm hat er im Jahre 1905 sein erstes Buch mit dem Titel *Das Wesen des Judentums* gewidmet. Dieses Wesen war der ethische Monotheismus der prophetischen Religion – ein Wesen, das in der dreitausendjährigen Entwicklung unverändert geblieben ist, wenn auch die äußeren Formen, in die sich dieses Wesen kleidete, den durch Zeit und Ort verursachten Änderungen ausgesetzt waren. Baeck war natürlich nicht der einzige jüdische Denker, der es möglich fand, das „Wesen" des Judentums zu definieren. Es gab auch andere – genauso wie es auch im Christentum Denker gab, die, wie Adolf von Harnack, „Das Wesen des Christentums" zu definieren suchten, nicht selten sogar, indem sie diskriminierende Vergleiche mit dem Judentum anstellten. [1]

Nun ist es eine Sache, über das „Wesen" des Judentums am Anfang des zwanzigsten Jahrhunderts zu reden, und eine ganz andere Sache, es am Ende dieses Jahrhunderts zu tun. Nicht nur hat es in der Zwischenzeit tiefgreifende Veränderungen auf philosophischem Gebiet gegeben, Veränderungen, die sich vom „Wesen" zu der „Existenz" wandten und die selbst einen Leo Baeck dazu bewegten, dem letzten Buch *Dieses Volk*, das er vor seinem Tode im Jahre 1956 schrieb, den Untertitel *Jüdische Existenz* zu geben. [2] Auch die Tatsache, daß eine ganze Anzahl von *verschiedenen* „Wesen des Judentums" verfaßt wurden, hat uns auf die Möglichkeit aufmerksam gemacht, daß es so viele verschiedene „Wesen" des Judentums geben mag wie die Anzahl derer ist, die es unternommen haben, dieses „Wesen" zu definieren. Anders ausgedrückt: Was für einen Autor „wesentlich" ist, mag einem anderen Autor als etwas weniger „wesentlich" erscheinen. Leo Baeck selbst, mit all seiner Anerkennung und positiven Würdigung, die er der Rolle zollte, die im traditionellen Judentum Ritual und Zeremonien spielen, eine Anerkennung und eine Würdigung, die ziemlich einzigartig waren in den religiösen Kreisen, in denen sich der liberale Rabbiner Baeck bewegte – dieser Leo Baeck selbst wurde Objekt einer orthodoxen Kritik, einer ehrerbietigen und wohlwollenden Kritik, aber immerhin einer Kritik. [3] Es gehört eben zu den Tatsachen des jüdischen Lebens, daß sich die Juden nicht darüber einig sind, welcher Wert den zeremoniellen Observanzen der jüdischen Tradition beizumessen ist. Was für Leo Baeck empfehlenswerte „Poesie" des täglichen Lebens ist, mag für einen orthodoxen Kritiker die undiskutierbare Forderung einer gebietenden und strafenden Gottheit sein.

All das bedeutet nun nicht, daß das Judentum etwa kein „Wesen" haben sollte. Aber es bedeutet doch, daß die Persönlichkeit und der Standort derjenigen, die dieses „Wesen" definieren wollen, keine geringfügige Rolle in der Darstellung dieses „Wesens" spielen. Wenn es Meinungsunterschiede zwischen Theologen und zwischen Philosophen in ihren Definitionen der Gottheit gibt, dann heißt das nicht, daß Gott nicht existiert, sondern einfach nur, daß die Erfahrungen, die Persönlichkeiten und die Ausbildungen der verschiedenen Theologen und Philosophen nicht ohne Einfluß auf die Art und Weise sind, in der Gott definiert wird. Nicht anders verhält es sich auch mit dem „Wesen" des Judentums.

Eine Erforschung der Vergangenheit, d. h. jener Wege, in denen frühere Generationen versucht haben, das „Wesen" des Judentums zu definieren, was immer auch die entsprechende Theologie gewesen sein mag, vereinfacht für uns das Problem nicht. Es erschwert es eher. Unter modernen jüdischen Historikern ist es sogar Mode geworden, die Existenz eines einheitlichen und monolithischen Judentums in der Vergangenheit zu verneinen. Man spricht lieber über die *verschiedenen* „Judentümer". Hier allerdings wird das Kind mit dem Bad ausgeschüttet. Denn die Geschichte liefert uns ja hier eine Art von Feuerprobe. Nicht alle Gruppen, die zu einer oder einer anderen Zeit von sich behauptet hatten, das „Judentum" zu repräsentieren, haben heute noch Nachkommen, die entweder daran interessiert sind, als Anhänger des Judentums zu gelten oder die von der Mehrzahl der heute praktizierenden Juden als solche angesehen werden. Das gilt von der Qumran-Sekte und von den Sadduzäern, für die ursprünglichen Judenchristen und von den mittelalterlichen Karäern.

Selbst wenn, aus irgendeinem Grund, eine spätere Gruppe von Juden das wieder aufnehmen will, was von einer früheren

Gruppe, die verschwunden ist oder an den Rand oder über den Rand des Judentums hinaus gedrängt wurde, einmal geglaubt oder getan wurde, so heißt das noch lange nicht, daß wir es hier mit einer durch die Geschichte hindurch fortbestehenden jüdischen Gruppe zu tun haben. So mögen sich z. B. die heutigen „Jews for Jesus" so betrachten, als ob sie die Stellung einnehmen, die einst von den ursprünglichen Jüngern Jesu bezogen wurde. (Ob diese Analogie berechtigt ist, ist wieder eine andere Frage.) Aber es kann doch nicht behauptet werden, daß die ursprünglichen Judenchristen fleischliche Nachkommen unter den praktizierenden Juden hinterlassen haben, deren späte Nachkommen im zwanzigsten Jahrhundert als „Jews for Jesus" bekannt sind.

Ähnlich liegt der Fall mit den Reformjuden im Staate Israel, die so vollkommen „with it" sein wollen, daß sie in ihr Gebetbuch für die Hohen Feiertage Auszüge aus den Schriftrollen von Qumran aufgenommen haben[4] – übrigens eine etwas zweifelhafte Errungenschaft, wenn man daran denkt, daß diese Reformjuden erst noch zeigen müssen, daß die Auszüge aus den Dankesliedern von Qumran einen höheren religiösen oder ästhetischen Wert haben als manche mittelalterliche synagogale Poesie, die in dem genannten Reform-Gebetbuch keine Aufnahme fand. Aber selbst die israelischen Reformjuden würden nicht von sich selbst behaupten, daß sie die fleischlichen Nachkommen der Sektierer von Qumran sind oder daß sich das „Judentum" von Qumran in einer undurchbrochenen Kette bis auf den heutigen Tag erhalten hat.

Man kann daher Überlegungen anstellen über das, was denn eigentlich und in einem ganz körperlichen Sinn die historische Kontinuität dessen ausmacht, was seit mindestens zweitausend Jahren als „Judentum" bekannt ist. Es würde nicht überraschen, sollte es sich herausstellen, daß ein nicht geringfügiger Bestandteil des „Wesens" des Judentums die Möglichkeit war, für diejenigen, die sich gegenseitig als Juden betrachteten, untereinander zu heiraten, d. h. ihr Festhalten an einer allgemein akzeptierten Definition des „Judeseins", die sich im Ehe- und Scheidungsgesetz wie auch in den Aufnahmebedingungen für Konvertiten widerspiegelt.

In diesem Zusammenhang hat Lawrence Schiffman überzeugend argumentiert. Er sagt, daß die ursprüngliche Trennung des Christentums vom Judentum weniger mit theologischen Streitigkeiten als mit der Tatsache zu tun hatte, daß die Christen sich nicht mehr an die allgemein anerkannten Bedingungen für die Aufnahme von Konvertiten hielten. Als Folge davon empfanden es die nicht-christlichen Juden fortan als unmöglich, mit christlichen Juden Ehen einzugehen, da man ja nicht wissen konnte, ob ein in das Judenchristentum aufgenommener Konvertit aus dem Heidentum tatsächlich die allgemein akzeptierten Aufnahmebedingungen erfüllt hatte oder nicht.[5]

Es ist charakteristisch, daß Schiffmans Buch den Titel trägt: *Who Was a Jew?* („Wer *war* ein Jude?"). Es ist immer leichter, im Rückblick zu konstatieren, was ein Glied in der historischen Entwicklung des Judentums darstellte, als so etwas für die Gegenwart oder gar für die Zukunft zu behaupten. Man geht daher ein Risiko ein, wenn man es wagt, das „Wesen" des Judentums von der eigenen Gegenwart aus zu definieren. Denn was mir „wesentlich" erscheint, kann einem späteren Beobachter als „unwesentlich" vorkommen.

Simeon der Gerechte, der möglicherweise mit dem von Jesus Sirach gefeierten Hohenpriester Simeon[6] identisch gewesen ist, war jedenfalls eine führende Persönlichkeit zur Zeit, als der Jerusalemer Tempel noch existierte und der Opferkult noch betrieben wurde. In seiner Zusammenfassung der drei „wesentlichen" Dinge, auf denen seine Welt beruhte, führt er auf: „Die Torah, den Opferdienst (hebr. ʾ*abhodah*) und die Wohltätigkeit".[7] In einem gewissen Sinn hat Simeons religiöse Welt tatsächlich ihr Ende gefunden, als im Jahre 70 der Tempel mit seinem Opferkult zerstört wurde. Die Art von Judentum, die im Tempelkult das Zentrum der Gottesverehrung gesehen hatte, kam mit der Tempelzerstörung zu ihrem Ende. Aber *nicht* das Judentum als solches! Denn Simeons Nachfolger hatten die Entdeckung gemacht, daß, so wichtig der Tempelkult einst auch gewesen sein mochte, das Gebet dennoch als ausreichender Ersatz dafür angesehen werden konnte. Wenn heutzutage aber immer noch Juden Simeons Aufzählung von den drei „wesentlichen" Dingen wiederholen, was sie tun, wenn sie an einem der Sabbate zwischen dem Passah- und dem Wochenfest seine Worte im Mischnahtraktat *Abhoth* während des Nachmittagsgottesdienstes lesen, können sie das mit gutem Gewissen tun. Denn Simeons Wort für den Opferdienst *'abhodah* ist inzwischen von seinen Nachfolgern, den alten Rabbinen, aufgenommen und als „Gottesdienst des Herzens" *'abhodah schebalebh)* verstanden worden. Damit ist im rabbinischen Judentum das Gebet – im Gegensatz zum Opferkult – gemeint. [8]

Hier festzuhalten ist, daß diese Neuinterpretation des Wortes *'abhodah* erst einige Generationen *nach* Simeon dem Gerechten stattfand und daß das Judentum den Verlust einer seiner drei – nach Simeon – „wesentlichen" Grundpfeiler überlebte. Es kann kein Zweifel bestehen, daß der Opferkult einmal zum „Wesen" des Judentums gehörte. Aber es ist gleichwohl zweifellos, daß diese Religion seit etwa zweitausend Jahren auch ohne Tieropfer fortbestehen konnte. Neuinterpretationen scheinen überhaupt ein Schlüssel zum Verständnis dieses Fortbestehens zu sein, denn sie bedeuten einerseits das treue Festhalten an einem überlieferten und kanonischen Text, andererseits aber die Freiheit gegenüber einem sklavischen Kleben am Buchstaben, was das Verstehen des Textes betrifft. Diese Freiheit macht uns allerdings etwas vorsichtig, wenn wir geneigt sein sollten, in einem oder auch in mehreren Bestandteilen einer geschichtlichen Entwicklung *das* „Wesen" des religiösen Judentums sehen zu wollen.

Trifft das schon auf die historischen Erscheinungsformen des Judentums zu, dann noch weit mehr auf die verschiedenen Arten des Judentums, die es in unserer eigenen Zeit gibt. Diejenigen, die nach uns kommen, nicht wir selbst, werden in der Lage sein, zu entscheiden, was im heutigen Judentum „wesentlich" für den Fortbestand und für sein Überleben in noch weiteren Jahrhunderten gewesen ist. Gewiß hat jeder von uns seine eigene Liste von „wesentlichen" Bestandteilen, die er oder sie hoch in Ehren hält und von deren Standpunkt aus er oder sie die „wesentlichen" Bestandteile des Judentums anderer Juden kritisiert. Auch behauptet ein jeder von uns, das Wissen von den Bestandteilen zu haben, aufgrund deren das Judentum bislang fortbestehen konnte. Das ist aber alles keine Garantie für das Voraussagen der jüdischen Zukunft.

Ein Anhänger der heutigen „*Jeschibbah*-Welt" (so nennen die ultra-orthodoxen Juden ihren von den Oberhäuptern ihrer Talmudschulen vorgeschriebenen Lebensstil) kann sich so wenig das Fortbestehen eines Judentums vorstellen, das der Welt gegenüber aufgeschlossen ist, und die maßgebenden Gremien des heutigen amerikanischen Reformjudentums können sich so wenig das Fortbestehen eines Judentums vorstellen, das sich seine Ideale nicht von der radikalen politischen Linken diktieren läßt, wie ein Simeon der Gerechte es sich nicht vorstellen konnte, daß es einmal eine fortbestehende jüdische Welt geben würde, die nicht zu einem ganzen Drittel auf dem Opferkult des Jerusalemer Tempels basiert.

Vorsicht ist daher geboten – und so will ich über das Judentum auch in Vorstellungen und Kategorien schreiben, die in meiner eigenen existentiellen Lage und in meiner persönlichen Wahl verankert sind. Es mag sein, daß es jüdische Glaubensbrüder und -schwestern gibt, die sich mit meiner existentiellen Lage identifizieren können oder ihr zumindest eine gewisse Sympathie entgegenbringen. Ich hoffe es jedenfalls. Darüber hinaus hoffe ich, daß es christliche Leser geben wird, die Interesse haben zu erfahren, was das Judesein – was immer auch sein eigentliches „Wesen" sein mag – einem bestimmten Juden, nämlich mir, in einer bestimmten Zeit, nämlich der unseren, bedeutet.

II

Die Quellen meines Judeseins

Ich bin in einer deutschen orthodoxen jüdischen Familie in Berlin geboren. Jedes einzelne Adjektiv ist hier „wesentlich": deutsch, orthodox und jüdisch. „Wesentlich" ist auch mein Geburtsort: Berlin. Deutsch zu sein, war etwas ganz Natürliches und, bis die Nationalsozialisten an die Macht kamen, auch etwas, das nie in Frage stand. Mein Vater war Kriegsfreiwilliger und Frontkämpfer im Ersten Weltkrieg. Mein Großvater väterlicherseits, ein orthodoxer Gemeinderabbiner in Berlin, hatte im Ersten Weltkrieg patriotische Gebete verfaßt, die uns heutzutage als viel zu chauvinistisch erscheinen würden. Aber die deutschen Juden damals empfanden sie keineswegs so. Denn die nach Osten vordringende deutsche Armee wurde ja als der große Befreier der jüdischen Glaubensgenossen, die unter der damaligen Judenverfolgung im Zarenreich litten, betrachtet.

Aber in unserer Familie waren wir auch in anderer Hinsicht deutsch. Wir kannten den Kult von Hühnersuppe nicht, auch nicht von Lachs-und-Beigel, von gehackter Leber und Hering, die im heutigen amerikanischen Judentum eine erhebliche Rolle in der jüdischen Selbstvergewisserung spielen. Natürlich haben auch wir ab und zu Hühnersuppe, Räucherlachs, gehackte Leber und Hering gegessen. Aber wir aßen diese Speisen genauso wie andere (und nichtjüdische) Deutsche sie aßen – nie als Ausdruck unserer Treue zum Judentum. Unsere Küche unterschied sich von anderen deutschen Küchen nur darin, daß wir uns an die biblischen und rabbinischen Speisegesetze hielten, also kein Schweinefleisch, keine Hummern, keine Mischung von Fleisch und Milch usw. Deutsch war auch unsere allgemeine Kultur, d. h. die Bücher, die wir lasen, die Theaterstücke, die wir uns ansahen, die Konzerte, die wir besuchten, die Lieder, die wir sangen, die Feriengewohnheiten und der Zeitvertreib, mit denen wir uns amüsierten, und die Kleidung, die wir trugen. (Ja, aus religiösen Gründen trugen die Männer und die männlichen Kinder eine Kopfbedeckung beim Gebet, beim Studium der religiösen Literatur und, weil sie von Gebeten umrahmt waren, auch zu den Mahlzeiten. Es galt aber auch als genügend, sich nur während der Gebete den Kopf zu bedecken, die Mahlzeit selbst aber mit entblößtem Haupt einzunehmen. Von einem „Kult des Käppchens", wie ich ihn später in Amerika und im Staate Israel kennenlernte, war bei uns in Berlin nichts zu spüren.)

So natürlich, wie wir Deutsche waren, waren wir auch Juden. Beides gehörte so zusammen, daß man sich darüber gar nicht zu viele Gedanken machte, bis die Nationalsozialisten ans Ruder kamen. Judesein bedeutete, daß man einer historischen Gemeinschaft angehörte, dem Volk der Bibel, das durch die Jahrtausende als Glaubensgemeinschaft wie auch als Schicksalsgemeinschaft existiert hatte. Man fühlte sich also mit allen Juden der Welt ganz natürlich verbunden. Es war aber ein religiöses und philanthropisches, kein politisches Band, das einen mit den Juden anderer Länder verknüpfte. Wir waren absolut keine Zionisten, denn die zionistische Weltanschauung mit ihrem säkularisierten Begriff des Judeseins stand im Widerspruch zu der religiösen Auffassung, die in unserer Familie herrschte, nämlich, daß die Grundlage des Judeseins eine religiöse, keine nationale sei, und daß nur dann, wenn Gott seinen Messias dazu aussendet, aber auch keine Minute früher, die Juden in das Verheißene Land der Bibel zurückkehren würden.

Man sollte sich daran erinnern, daß das, was heutzutage als Idiosynkrasie einer ultra-orthodoxen Randgruppe in Jerusalem, der *Natoré Kartha,* gilt, – nur ein von Gott entsandter Messias könne ein jüdisches Staatswesen in Palästina errichten, und das in einer Zeit, in der es auch allgemein unter den Menschen Frieden und Brüderlichkeit geben wird – vor der nationalsozialistischen Machtergreifung in Deutschland von der Mehrheit der orthodoxen Juden im Osten wie auch im Westen geteilt wurde. Es war weder eine neue Offenbarung Gottes, die von orthodox-jüdischen Theologen empfangen wurde, noch war es die Entdeckung eines bislang nicht bemerkten Gebots der Torah, die dazu führten, daß die jüdische Orthodoxie ihre Opposition zum Zionismus einschränkte oder aufgab. Es war einzig und allein die brutale Tatsache des nationalsozialistischen Antisemitismus mit seiner stets zunehmenden Verfolgung der deutschen Juden, die einen „Waffenstillstand" zwischen der jüdischen Orthodoxie und dem Zionismus bewirkte – so wie in späteren Jahren ein ähnlicher „Waffenstillstand" zwischen dem amerikanischen Reformjudentum und dem Zionismus zustande kam.

Da ich meine Kindheit im nationalsozialistischen Deutschland verbrachte, habe ich – auf kindlicher Ebene – diesen Waffenstillstand zwischen Orthodoxie und Zionismus miterlebt. Ich kann mich noch genau an das folgende Ereignis erinnern:

In den 30er Jahren gab es in Berlin zwei orthodox-jüdische Jugendvereine. Der eine hieß „Esra" und war die Jugendgruppe der nicht-zionistischen (manchmal sogar anti-zionistischen) deutschen orthodoxen Juden. Der andere hieß *Berith Hano'ar* (= „Jugendbund") und repräsentierte die Jugend derjenigen deutschen orthodoxen Juden, die bereits ihren Frieden mit dem Zionismus geschlossen hatten. In Anbetracht der Tradition meiner Familie wäre es gewiß natürlich gewesen, wenn ich dem nicht-zionistischen „Esra" beigetreten wäre. Es bestand aber eine Schwierigkeit. Am Sabbatnachmittag traf sich der „Esra" in einem Raum, zu dem ich von unserer Wohnung aus fünfundvierzig Minuten lang hätte laufen müssen, da orthodoxe Juden am Sabbat nicht fahren dürfen. Dagegen traf sich der *Berith Hano'ar* am Sabbatnachmittag in den Räumlichkeiten der Synagoge jener Gegend, in der wir wohnten. Das war nur fünf Minuten von zu Hause weg und daher viel bequemer – besonders bei schlechtem Wetter. Aber die Tatsache, daß die „Heimabende" in unserer eigenen Synagoge stattfanden, ja daß unser eigener Rabbiner sich um diesen Verein persönlich kümmerte, konnte meiner seligen Mutter nicht die notwendige Gewißheit verschaffen und ihre Angst vor dem beschwichtigen, was mir die Zionisten antun könnten. Sie bat daher den Religionslehrer ihrer eigenen Kindheit, den berühmten Rabbiner Dr. Esra Munk (1867–1940), eine führende Autorität unter den deutschen orthodoxen Juden, um eine Unterredung.

Meine Mutter nahm mich also mit in Dr. Munks Wohnung. Diese Wohnung war mir nicht unbekannt. Ich war schon öfters dort gewesen, da unsere Familie zum Freundes- und Bekanntenkreis Dr. Munks gehörte. Jedesmal war ich von der Freundlichkeit und der Frömmigkeit dieses Rabbiners tief beeindruckt. Diesmal unterzog mich Dr. Munk einer ziemlich schweren Prüfung auf den Gebieten der biblischen und rabbinischen Literatur, die ich damals schon in der jüdischen Schule, die ich besuchte, zu einem kleinen Teil gelernt hatte. Vielleicht hatte der gute Seelsorger auch ein paar „ideologische" Fragen miteinbezogen. Denn als die Prüfung vorüber war, sagte Dr. Munk in meinem Beisein zu meiner Mutter: „Ja, wissen Sie, die Zeiten haben sich geändert. Man muß heutzutage schon manchmal mit den Zionisten zusammenarbeiten. Nun konnte ich beobachten, daß Ihr Junge in seiner Religion genügend gefestigt ist, so daß man es wagen könnte, ihn am Sabbatnachmittag zu diesen Versammlungen der Zionisten zu schicken."

Ich war natürlich äußerst glücklich, und das Gewissen meiner lieben Mutter war erleichtert. Allerdings stellte sich später heraus, daß Dr. Munks Prognose meiner religiösen Zukunft total verfehlt war. Weit entfernt davon, mein Ziel unter den orthodoxen Juden, die ihren Frieden mit dem Zionismus geschlossen hatten, zu erreichen, kam dann später die Zeit, in der ich der jüdischen Orthodoxie überhaupt den Rücken kehrte und meine religiöse Heimat im Lager derjenigen fand, deren Anziehungskraft für mich der selige Dr. Munk auch nicht in seinen allerschlimmsten Träumen hätte voraussehen können. Dr. Munk war eben doch nur ein Mensch – und daher nicht allwissend.

Was aber in der Beschreibung der Quellen meines Judeseins an dieser Begegnung mit Dr. Munk wichtig ist, ist die Tatsache, daß mich meine Berührung mit den Zionisten in die Welt des „jüdischen" Nationalismus einführte. Für einen jüdischen Jungen, etwa im fünften Schuljahr, der im nationalsozialistischen Deutschland aufwuchs, stellte der „jüdische" Nationalismus eine gewisse Entschädigung für vieles dar, was diesem Jungen jetzt von der Welt, in der er lebte, vorenthalten wurde. Wenn ihm diese Welt jetzt sagte, daß er kein Deutscher sei, dann versicherte ihm die zionistische Jugendbewegung, daß er eben – in allen Beziehungen – Jude war. Wenn er Deutschland nicht mehr als sein Vaterland betrachten durfte, dann machte ihm die zionistische Jugendbewegung klar, daß Palästina sein „wahres" Vaterland sei. Durfte er die braune Uniform seiner nichtjüdischen Nachbarkinder nicht tragen, so ermöglichten es ihm die Zionisten – jedenfalls bis schließlich auch das von den Nazis verboten wurde –, eine blau-weiße Uniform zu tragen. Die Zionisten machten es ihm auch möglich, „auf Fahrt" zu gehen, beim Appell strammzustehen und vieles andere zu tun, das auch von der Hitlerjugend getan wurde – nur eben, daß er sie nicht als junger Deutscher, sondern als „stolzer und bewußter junger Jude" tat. Und wenn den jungen Nazis beigebracht wurde, daß sich Deutschland heroisch gegen seine Feinde verteidigen müßte, dann wurden die jungen Zionisten belehrt, daß sie „ihr" Vaterland an der Mittelmeerküste gegen die Angriffe der „Araber" zu verteidigen hätten.

Bis sie 1938 von den nationalsozialistischen Behörden verboten wurden, waren die zionistischen Jugendbünde offiziell von der Regierung anerkannt. Mit einem gewissen Stolz las ich in meinem *Berith Hano'ar* Vereinsausweis, daß der *Berith Hano'ar* beim „Reichsjugendführer" Baldur von Schirach angemeldet war. Ähnliche Worte müssen ja auf dem Hitlerjugend-Ausweis meiner nichtjüdischen Altersgenossen gestanden haben. So war ich also nicht total vereinsamt und verlassen. Kurz gesagt, von der Teilnahme am deutschen Nationalismus ausgeschlossen, mußte mein Judesein – jetzt nicht mehr auf das rein religiöse Gebiet beschränkt – auch als Träger meiner „Volkszugehörigkeit" und einer „jüdischen" Spielart des Nationalismus dienen. Das wäre nie geschehen, wenn die Nationalsozialisten die deutschen Juden in Ruhe gelassen hätten. Es paßte absolut nicht in die deutsch-jüdische Tradition hinein, in der ich ursprünglich aufgewachsen bin.

Nachdem ich in späteren Jahren zweiundeinhalb Jahre auf einer zionistischen Ausbildungsstätte in Schottland verbracht hatte (die einzige Möglichkeit, die ich hatte, noch im Mai 1939 mit einem „Kindertransport" aus Deutschland herauszukommen), habe ich mich dieser zionistischen Indoktrination wieder entledigt. Ich muß jedoch gestehen, daß mir gerade diese Indoktrination zweifellos dabei geholfen hat, meine Selbstachtung und meine geistige Gesundheit als jüdischer Junge zu bewahren, der in den 30er Jahren in Berlin lebte – in einem Berlin, wo es ihm mit der Zeit nicht mehr erlaubt war, ins Kino oder ins Theater zu gehen, wo er einige Straßen der Stadt überhaupt nicht mehr betreten durfte, wo er in einige Parkanlagen nicht mehr spielen gehen konnte und wo er nur noch auf besonders gekennzeichneten „Judenbänken" sitzen durfte. Unter diesen Verhältnissen lebend, hat mich der Zionismus in der Tat mit einem gewissen Ersatz für das normale deutsche Leben versorgt, ein Leben, das mir die nationalsozialistische Regierung mehr und mehr verweigerte.

Ich wußte damals noch nicht, daß die Nazis eine Zeitlang den Zionismus recht günstig beurteilten. Die Nazis wollten damals die Juden aus Deutschland loswerden. Die Zionisten verlangten dasselbe. Die Nazis sprachen den deutschen Juden ihr Deutschsein ab. Die Zionisten taten dasselbe. Die Nazis verneinten, daß die Juden an der deutschen Kultur teilnehmen könnten. Die Zionisten riefen die Juden dazu auf, „ihre eigene" hebräische Kultur zu schaffen. Auch benutzten die Nazis und die Zionisten in mancher Beziehung die gleiche Sprache. Beide betrachteten die Juden als „Fremde" in den Ländern, in denen sie schon seit langem lebten und in denen sie ihre bürgerliche Gleichberechtigung erhalten hatten. Beide nannten die Länder, in denen Juden lebten, „Gastländer".

Selbstverständlich ist mir das als Kind nicht aufgefallen. Diese Erkenntnis kam erst später als Folge reiferen Nachdenkens. Aber nachdem diese Erkenntnis gewonnen wurde, blieb sie für mich axiomatisch: Ohne Antisemitismus kein Zionismus – genauso wie es ohne Antisemitismus nie eine große jüdische Einwanderung in den Staat Israel aus dem Westen geben wird. Das wissen die führenden Persönlichkeiten im Staate Israel so gut wie ich. Sie wissen es wahrscheinlich sogar noch besser. Daher ist ihnen vielleicht auch ein gewisser Grad von Antisemitismus in der jüdischen Diaspora, besonders in den Ländern, in die heutzutage viele Israelis auswandern, gar nicht einmal so unangenehm.

Die Familie, in die ich hineingeboren bin, war, wie bereits bemerkt, nicht nur deutsch und jüdisch; sie war auch orthodox. Orthodoxe Juden in aller Welt glauben, daß Gott dem Mose selbst den ganzen Pentateuch (d. h. die sog. Fünf Bücher Moses) diktiert hat und daß der Pentateuch, wie wir ihn heute vor uns haben, völlig mit dem von Gott dem Mose diktierten Pentateuch identisch ist. (Die letzten zwölf Verse des Buches Deuteronomium lassen einige orthodoxe Autoritäten als post-mosaisch gelten, da sie ja den Tod und das Begräbnis des Mose beschreiben.)

Orthodoxe Juden glauben auch, daß, zur Zeit der sinaitischen Offenbarung, Mose nicht nur die „schriftliche Torah" von Gott empfing, sondern daß Gott dem Mose auch eine „mündliche Torah" offenbarte, die den Schlüssel enthält, der allein zum vollen Verständnis der „schriftlichen Torah" Zugang verschafft. Diese „mündliche Torah" wurde, wie ihr Name besagt, mündlich von Meistern den Jüngern über viele Generationen hindurch weitergegeben, bis sie schließlich in der rabbinischen Literatur ihren schriftlichen Niederschlag fand. Die zweifache Torah enthält nicht nur religiöse Lehren, sondern auch – und ganz besonders – das von Gott geoffenbarte Gesetz in seinen moralischen wie auch in seinen rituellen Bestandteilen. Beide Arten von Gesetz sind, da sie von Gott selbst stammen, auf Ewigkeit verbindlich – oder mindestens, wie Moses Mendelssohn (1729–1786) es einmal ausdrückte, bis zu der Zeit, „wenn es dem allerhöchsten Gesetzgeber gefallen wird, uns seinen Willen darüber (sc. die Abschaffung des Gesetzes) zu erkennen zu geben; so laut, so öffentlich, so über alle Zweifel und Bedenklichkeit hinweg zu erkennen zu geben, als Er das Gesetz selbst gegeben hat".[1]

Zugegeben, einige Bestandteile des Gesetzes, wie etwa die Vorschriften über den Opferdienst, die Landwirtschaft in Palästina, die Monarchie usw., können seit der Tempelzerstörung im Jahre 70 nicht beobachtet werden. Aber diese Vorschriften sind nicht aufgehoben worden. Ihre weitere Beobachtung ist nur zeitweilig aufgeschoben worden, denn mit der Ankunft des von Gott entsandten Messias und der Erfüllung aller anderen eschatologischen Verheißungen (Wiederaufbau des Jerusalemer Tempels, Wiederherstellung des Opferkults, Weltfrieden, Auferstehung der Toten usw.) wird auch die Beobachtung dieser Vorschriften wieder möglich und verlangt werden.

Dieser Glaube wird von allen orthodoxen Juden geteilt. So auch die Vorliebe für alles, was „traditionell" geworden ist. Orthodoxe Rabbiner bestehen z. B. bis auf den heutigen Tag darauf, daß der öffentliche jüdische Gottesdienst in hebräischer Sprache abgehalten wird, obwohl der Talmud und andere autoritative Quellen des orthodoxen Judentums das Gebet in der Landessprache ausdrücklich erlauben, zum Teil sogar geradezu empfehlen. [2] Da aber die Großeltern hebräisch gebetet haben, zieht es der orthodoxe Jude vor, auch hebräisch zu beten – selbst wenn er die hebräische Sprache nicht versteht. Das Beten in der Landessprache wird den „schismatischen" reformierten und konservativen Juden überlassen. Die orthodoxe Vorliebe für das, was alt und traditionell ist, findet ihren passenden Ausdruck in einem Wort des Talmuds: „Sollten die früheren Generationen Engel gewesen sein, dann wären wir Menschen. Sollten die früheren Generationen aber nur Menschen gewesen sein, dann wären wir nur Esel." [3]

All das ist, wie gesagt, Gemeingut aller orthodoxen Juden. Es existieren aber auch gewisse Unterschiede unter den orthodoxen Juden, sowohl in der Vergangenheit als auch heute. Seit dem Zeitalter des Talmuds hat es Juden gegeben, die das Gesetz rigoros auslegten, und Juden, die eine liberalere Auslegung vertraten. Beide Haltungen hatten innerhalb der jüdischen Tradition ihre Berechtigung. Das orthodoxe Judentum der Neuzeit ist sich dessen bewußt und führt diese Tradition weiter fort. Der Talmud selbst ist ein Protokoll von derartigen Meinungsunterschieden.

Ein anderer Meinungsunterschied, der in der Vergangenheit wurzelt und von dem heutigen orthodoxen Judentum übernommen worden ist, betrifft die Vereinbarungs- und Nichtvereinbarungsmöglichkeit der traditionellen jüdischen Glaubenslehre mit entweder der Philosophie oder der Mystik. Mystiker und Nichtmystiker, Rationalisten und Antirationalisten im Mittelalter behaupteten alle ihre Treue zur Torah und hielten sich an die moralischen und an die zeremoniellen Gesetze der jüdischen Tradition. Jedoch verabscheuten sie es nicht, sich wegen ihrer verschiedenen Zugänge zu dem Leben nach jüdischer Vorschrift gegenseitig mit dem Bann zu belegen. Das geschah noch im 18. Jahrhundert, als der als „Wilnaer Gaon" berühmte Rabbiner Elijah ben Salomo Salman (1720–1797) den Bann mitunterschrieb, mit dem die damals neu aufkommende Sekte der Chassidim belegt wurde.[4] Wenn man sich die heutigen Chassidim ansieht, die in Jerusalem Sabbatunruhen verursachen, wenn sie sich von nicht-orthodoxen Juden in ihrer Sabbatobservanz gestört fühlen, und die das *bona fide* Judesein von Juden, die sich in ihrer Glaubensformulierung und rituellen Praxis von den Chassidim unterscheiden, bezweifeln, dann mag man sich einer gewissen Ironie nicht erwehren, wenn man daran denkt, daß die Chassidim selbst, als sie zuerst in Erscheinung traten, als Häretiker mit dem Bann belegt wurden.

Ein anderer Zankapfel innerhalb der Orthodoxie ist die Frage, ob man sich rein weltlichen Studien widmen darf. Während ein Moses Maimonides im zwölften Jahrhundert darauf bestand, daß man vor dem Studium der Theologie zunächst einmal Physik und Philosophie studiert, und andere mittelalterliche Rabbinen ihm darin folgten, gab es doch auch andere mittelalterliche Rabbinen, die genauso emphatisch das Studium von „weltlichen" Wissenschaften verpönten.[5] Dieser Meinungsunterschied hat sein Gegenstück in der heutigen Orthodoxie, wo einerseits die Yeshivah University in New York, zusätzlich zu den Kursen, die zur rabbinischen Ordination führen, Kurse in den Geistes- und Naturwissenschaften anbietet, so wie sie von einer gewöhnlichen Universität angeboten und verlangt werden, und wo andererseits in der sogenannten „*Jeschibhah*-Welt" der Ultra-Orthodoxen die „weltliche" Bildung total verpönt und nur jenen erlaubt ist, die sich später als Ärzte, Rechtsanwälte oder Buchhalter ihren Lebensunterhalt verdienen müssen.

Daß die jüdische Orthodoxie dem Zionismus gegenüber keinesfalls einer einheitlichen Meinung ist, wurde bereits erwähnt.

Mit der bürgerlichen Gleichberechtigung der westlichen Juden im 19. Jahrhundert stand die jüdische Orthodoxie vor einem großen Problem, das zu gewaltigen Meinungsunterschieden Anlaß gab. Während die Gründer des reformierten Judentums bereit waren, viele der traditionellen Observanzen und Bräuche, die ihrer Meinung nach der Anpassung der Juden an ihre Umgebung im Wege standen, fallen zu lassen, hatten manche Rabbiner traditioneller Prägung große Angst vor der bürgerlichen Gleichberechtigung der Juden und betrachteten die Aufklärung als Gefahr für das Judentum. Sie widersetzten sich einer jeglichen Neuerung innerhalb des Judentums mit der Parole des Pressburger Rabbiners Moses Schreiber (1762–1839): „Alles Neue ist von der Torah verboten!"[6]

Es blieb einem traditionellen Rabbiner in Deutschland, Samson Raphael Hirsch (1808–1888), überlassen, eine jüdische Weltanschauung zu formulieren, die einerseits die bürgerliche Gleichberechtigung der Juden bejahte und die Juden dazu aufrief, am bürgerlichen und kulturellen Leben ihrer Umgebung aktiv teilzunehmen, andererseits aber verlangte, daß alle Riten und Zeremonien der rabbinischen Tradition – als Bestandteile der göttlichen Offenbarung – streng zu beobachten seien. Indem er demonstrierte, daß man ein genauso gebildeter und kultivierter Deutscher sein kann wie die Reformjuden, ohne aber die Observanz der herkömmlichen Zeremonien und Bräuche aufzugeben, wurde Hirsch Gründer einer neuen Richtung innerhalb des Judentums, der sogenannten „Neu-Orthodoxie", die zur geistigen Heimat von vielen deutschen Juden traditionellen Glaubens wurde.

Sein Motto war: *torah 'im derekh erez,* was in seiner ursprünglichen Formulierung in einer frührabbinischen Quelle[7] so viel wie „die Verbindung von Torahstudium mit einem weltlichen Gewerbe" bedeutete. Für Hirsch aber bedeutete es das Leben nach den Gesetzen der Torah verbunden mit weltlicher Kultur! Hirsch hat weltliche Bildung nicht nur „toleriert", wie das heutzutage in einigen orthodoxen Kreisen im Staate Israel und in Amerika geschieht; er hat ganz bewußt auf dieser Bildung *bestanden,* wie er auch auf Würde und Ästhetik im jüdischen Gottesdienst bestanden hat, nachdem als Folge von Jahrhunderten von Ghettoexistenz Würde und Ästhetik lange von der Synagoge vernachlässigt worden waren. In der Synagoge in Frankfurt a. M., in der Rabbiner Hirsch amtierte, wurde der Gottesdienst nicht wie in den liberalen Synagogen von Orgelmusik begleitet, denn das wäre nach Hirschs Auffassung religionsgesetzlich unzulässig gewesen. Auch saßen Männer und Frauen nicht zusammen beim Gottesdienst, der, bis auf die deutsche Predigt, in hebräischer Sprache abgehalten wurde. Aber in der Synagoge sang ein vielstimmiger männlicher Chor, deutsche Predigten wurden regelmäßig gehalten, und die Ruhe und Andacht, die in der Synagoge des Rabbiners Hirsch herrschten, standen den Gottesdiensten, die in den liberalen Synagogen Deutschlands abgehalten wurden, keinesfalls nach.[8] Was das Äußere des Gottesdienstes anging, würden die jüdischen Massen in Osteuropa der damaligen Zeit und die heute in Deutschland lebenden, aus dem Osten stammenden Juden die von Hirsch geleiteten Gottesdienste kaum als viel weniger „reformiert" betrachtet haben als die liberalen und reformierten Gottesdienste der damaligen und der heutigen Zeit. Bevor er nach Frankfurt übersiedelte, war Hirsch eine Zeitlang Oberrabbiner von Mähren. In Nikolsburg, wo er seinen Sitz hatte, fand er, der Gründer der Neu-Orthodoxie und Führer der jüdischen Gegen-Reformation, reichlichen Widerstand seitens seiner Gemeindemitglieder, den sogenannten „Altfrommen", die in Hirsch nichts weniger als einen „Reformator" sahen. Besonders wurden folgende Anklagen in Nikolsburg gegen Hirsch erhoben:

Während sein Vorgänger im Amt noch die traditionelle Tracht eines ostjüdischen Rabbiners trug, kleidete sich Hirsch im modernen europäischen Stil. Während sein Vorgänger im Amt fast nie predigte und, wenn er es zweimal im Jahre tat, allenfalls jüdisch, predigte Hirsch regelmäßig, und zwar in hochdeutscher Sprache. Wenn Hirschs Vorgänger im Amt über die Straße ging, versteckten sich die Damen und die Mädchen in den Hauseingängen, um den Rabbi nicht in Verlegenheit zu bringen. Hirsch dagegen grüßte gern die weiblichen Mitglieder seiner Gemeinde und lüpfte in ihrer Gegenwart sogar seinen Hut. Über Hirschs Vorgänger im Amt wurde gesagt, daß er mit seiner Gemeinde den Talmud eingehend studierte („lernte", wie der jüdische Fachausdruck dafür heißt), die Psalmen aber nur pflichtmäßig heruntersagte. Dagegen soll Hirsch die Psalmen eingehend mit seiner Gemeinde studiert, den Talmud aber nur pflichtmäßig heruntergesagt haben. Aber der größte Widerstand gegen Hirsch wurde dadurch hervorgerufen, daß er darauf bestand, Trauungen in der Synagoge selbst vorzunehmen, und nicht, wie es damals noch der traditionelle Brauch unter den deutschen Juden war, im Freien. Das erschien nun den Altfrommen in Nikolsburg wie eine Nachahmung der christlichen Praxis, Trauungen in der Kirche vorzunehmen. [9]

Hirschs Bejahung der westlichen Kultur hatte ihre Grenzen. Er war *nicht* für das wissenschaftliche Studium von Bibel und Talmud zu haben. Die Methoden der historischen und literarischen Kritik hielt er nur auf *menschliche* Urkunden anwendbar, aber nicht auf Texte, die von *Gott selber* stammen. Jüdisches Lernen hatte nur *einen* legitimen Zweck: das bessere Verstehenlernen dessen, was Gott uns befohlen hat! Daher konnte Hirsch, der Mann, dessen Rede zum hundertsten Geburtstag des Dichters Friedrich Schiller weit und breit als vielsagende Bejahung der deutschen Kultur betrachtet wurde, auch eine heftige Feindschaft gegen den Rabbiner Zacharias Frankel (1801–1875), Rektor des Jüdisch-Theologischen Seminars in Breslau, aufbringen, weil Frankel das Studium der rabbinischen Literatur mit historisch-kritischen Methoden betrieb. (Frankel selbst wandte diese Methoden jedoch zum Studium der *Bibel* nicht an.)

Vieles von der Lehre des Samson Raphael Hirsch wurde mir in meiner Kindheit und in meiner frühen Jugend vermittelt. Vieles, aber doch nicht alles. Die Berliner Form der deutsch-jüdischen Orthodoxie war nicht völlig mit der Frankfurter Art von Hirsch identisch. Im orthodoxen Rabbinerseminar in Berlin, in welchem mein Großvater, Rabbiner Dr. Marcus Petuchowski, seine rabbinische Ordination erlangte, wurde die Bibel gewiß nicht rein wissenschaftlich studiert, obwohl der Rektor des Seminars, Rabbiner Dr. David Hoffmann (1843–1921), in seinen Versuchen, die moderne Bibelkritik zu widerlegen, die bibelkritische Literatur natürlich gut kannte. [10] Derartige Hemmungen bestanden jedoch nicht beim Studium der rabbinischen Literatur. Studenten des orthodoxen Rabbinersemiars in Berlin mußten sich, bevor sie ordiniert werden konnten, ein Doktorat von einer Universität verschaffen. Dutzende von Doktorarbeiten der Studenten am Rabbinerseminar, viele auf dem Gebiet der rabbinischen Literatur, wurden von meinem Urgroßvater, Hirsch Itzkowski, dem hebräischen Drukker und Verleger in Berlin, verlegt und gedruckt. Darunter befand sich auch die Doktorarbeit meines Großvaters, der sein Doktorat von der Universität Halle erwarb. Er schrieb seine Dissertation über Rabbi Ismael, einen Lehrer des zweiten Jahrhunderts.[11] Das war vor ungefähr hundert Jahren; und was mein Großvater in den 90er Jahren des vorigen Jahrhunderts über Rabbi Ismael schrieb, ist gewiß nicht mehr der *dernier cri* auf diesem Gebiet nach dem heutigen Stand der Wissenschaft. Dennoch höre ich nie zu staunen auf, wenn ich mir von Zeit zu Zeit die Doktorarbeit meines Großvaters wieder vornehme, wie dieser orthodoxe Rabbiner die Methoden der klassisch-philologischen Wissenschaft auf das Studium talmudischer Texte anwandte. Hätte er die gleiche Methodik beim Studium der Bibel angewandt, dann wäre er wahrscheinlich zu Folgerungen gekommen, die sich kaum mit dem Amt eines orthodoxen Rabbiners in Einklang bringen lassen. Es ist daher nicht erstaunlich, wenn Rabbiner Dr. Marcus Petuchowski seine textkritischen Studien auf das Gebiet der talmudischen Literatur beschränkte.

Erstaunt war ich jedoch, als ich viele Jahre später – als ich bereits Professor war – eine Anmerkung in Arnold B. Ehrlichs Werk *Miqra Kipheschuto* („Die Schrift nach ihrem Wortlaut") las. Arnold Bogumil Ehrlich (1848–1919), alles andere als ein orthodoxer Jude, war einer der ganz wenigen jüdischen Gelehrten, die sich am Ende des letzten Jahrhunderts mit der Bibelkritik befaßten. Dazu war er noch ein ganz radikaler Bibelkritiker. Unter seinen Werken befand sich auch ein dreibändiger Bibelkommentar in hebräischer Sprache, das oben genannte Werk *Miqra Kipheschuto*, in welchem Ehrlich seinen radikalen Einfällen freien Lauf ließ. Das Werk erschien 1899–1901 in Berlin bei meinem Urgroßvater Hirsch Itzkowski. Mein Großvater, Dr. Petuchowski, muß wohl von diesem Werk die Fahnen korrigiert haben. Denn in einer Anmerkung zu seiner Einleitung erwähnt Ehrlich, daß er zum Zeitpunkt, als sein Manuskript in den Druck ging, im Ausland sein mußte und daß sich Rabbiner Dr. Petuchowski freundlicherweise des Buches angenommen habe. Ehrlich fügt dann hinzu, daß das Werk so manche Stellen enthält, die der gute Rabbiner als haarsträubend empfunden haben muß. Das hat aber Dr. Petuchowski nicht davon abgehalten, seine Wohltat dem Autor zu erweisen, da Dr. Petuchowski glaubt, daß das Falsche durch Argument und Beweis als solches erwiesen werden muß, nicht aber durch die Unterdrückung von wissenschaftlichen Resultaten. [12]

Samson Raphael Hirsch hätte weder die Herausgabe dieses Buches durch meinen Urgroßvater noch die dabei geleistete Hilfe meines Großvaters gutgeheißen, um es milde auszudrücken. Aber das Berliner orthodoxe Judentum war nun eben nicht mit dem orthodoxen Judentum in Frankfurt identisch. Es war natürlich von Hirsch beeinflußt, aber doch nicht ganz so unmittelbar. Hinzu kommt, daß sich mein Großvater noch eine weitere Strecke von Hirsch entfernt hatte.

Hirsch hatte seinerzeit von allen orthodoxen Juden in Deutschland verlangt, daß sie alle jüdischen Gemeinden verlassen, in denen sowohl orthodoxe wie auch religiös-liberale Juden ihre religiösen Bedürfnisse befriedigen konnten. Die orthodoxen Juden sollten ihre eigenen Gemeinden gründen, denn das orthodoxe Gewissen würde vergewaltigt werden, wenn z. B. ein Teil der Kirchensteuer, die ein orthodoxer Jude zahlt, dazu verwendet wird, eine Orgel für eine liberale Synagoge anzuschaffen oder das Gehalt eines liberalen Rabbiners zu bezahlen. Außerdem meinte Hirsch, daß nur die „gesetzestreuen" Juden – eine Bezeichnung, die er dem Adjektiv „orthodox" vorzog – wirkliche Juden waren; und diese wirklichen Juden konnten keinen Gemeinden angehören, in denen Juden, die sich teilweise vom Ritualgesetz befreit hatten, führende Stellen einnahmen. Nach Hirsch traf das selbst auf solche Gemeinden zu, die ihren orthodoxen Mitgliedern Gelegenheit bieten, allen Vorschriften des Religionsgesetzes Genüge zu tun, d. h., daß die Orthodoxen ihre eigenen Synagogen und Rabbiner, ihr eigenes Ritualbad und Kontrolle über alle Einrichtungen haben können, die mit der Beobachtung der Speisegesetze verbunden sind.

Die von Hirsch verlangte scharfe Trennung von den Lokalgemeinden war aber nicht allen orthodoxen Juden Deutschlands annehmbar, und die deutsch-jüdische Orthodoxie blieb in dieser Beziehung gespalten. In einigen Städten wurden orthodoxe Austrittsgemeinden gegründet. In anderen, und das war die Mehrzahl, weigerten sich die orthodoxen Juden, sich von der allgemeinen jüdischen Ortsgemeinde zu trennen, und sie konnten sich dabei auf die Entscheidung einer großen rabbinischen Autorität stützen, nämlich auf den orthodoxen Würzburger Rabbiner Seligman Baer Bamberger (1807–1878), der die gemeindepolitischen Auffassungen von Samson Raphael Hirsch nicht teilte.

Nun gab es in Berlin tatsächlich eine orthodoxe Austrittsgemeinde, die „Adass Jisroel"-Gemeinde, die über ihre eigenen Synagogen und Rabbiner, ihr eigenes Krankenhaus, ihren eigenen Friedhof, ihr eigenes Ritualbad, ihre eigenen mit der Beobachtung der Speisegesetze verbundenen Einrichtungen und ihr eigenes Schulwesen verfügte, wie auch über ihr eigenes Rabbinerseminar. Diese Adass Jisroel-Gemeinde verdankte aber ihre Entstehung nicht so sehr den Lehren des Rabbiners Hirsch als der Tatsache, daß im Jahre 1870 der Vorstand der Jüdischen Gemeinde zu Berlin den Rabbiner Abraham Geiger (1810–1874) als Gemeinderabbiner wählte. Abraham Geiger war nämlich damals der größte Theologe und Theoretiker des religiös-liberalen Judentums. Das konnten einige traditionelle Juden in Berlin nicht mit ihrem Gewissen vereinbaren, und sie gründeten daher ihre eigene Austrittsgemeinde, die von ihrer Struktur her völlig mit der allgemeinen Jüdischen Gemeinde zu Berlin übereinstimmte. Viele orthodoxe Juden in Berlin sind dieser Austrittsgemeinde jedoch nicht beigetreten. Sie verblieben in der allgemeinen Jüdischen Gemeinde, die auch weiterhin, trotz der Anstellung von Geiger, die religiösen Bedürfnisse sowohl ihrer liberalen als auch ihrer orthodoxen Mitglieder befriedigte.

Großvater Petuchowski erhielt, wie bereits erwähnt, seine rabbinische Ordination von dem orthodoxen Rabbinerseminar in Berlin, einer Institution, die von der Austrittsgemeinde „Adass Jisroel" getragen wurde. Mir wurde erzählt – denn der Großvater starb, als ich ein Jahr alt war, und ich habe keine persönlichen Erinnerungen an ihn –, daß der Großvater gewissenhaft in seiner Beobachtung der traditionellen Gebote und Verbote war. Aber er teilte die Austritts-Ideologie nicht und wurde Gemeinderabbiner der allgemeinen Jüdischen Gemeinde zu Berlin, d. h., er wurde von derselben Gemeinde angestellt, die auch Rabbiner der religiös-liberalen Richtung anstellte und die Synagogen unterhielt, in denen aus liberalen Gebetbüchern mit Orgelbegleitung gebetet wurde.

Zwei Zeugnisse der Vergangenheit, die ich erst später in meinem Leben zu sehen bekam, konkretisieren für mich, was es für meinen Großvater bedeutet haben muß, ein orthodoxer Rabbiner der allgemeinen Jüdischen Gemeinde zu sein. Eines davon ist eine Bemerkung der Redaktion des „Israelit", einer Zeitschrift, die die Position von Samson Raphael Hirsch und der Frankfurter Trennungsorthodoxie vertrat. Diese Bemerkung bezieht sich auf einen Streit, den mein Großvater mit dem Gemeindevorstand hatte. Es scheint, daß er in einer Predigt seine Zuhörer gerügt hatte, die traditionellen Speisegesetze nicht streng genug beachtet zu haben – worauf ihm der Vorstand in unzweideutiger Art mitteilte, daß das, was die Juden Berlins im eigenen Haus essen, Herrn Dr. Petuchowski doch nichts anginge. Höhnisch wies der „Israelit" auf diesen Vorfall hin und bemerkte, daß Herrn Dr. Petuchowski diese Unannehmlichkeit erspart geblieben wäre, wenn er den ursprünglichen Rat des „Israelit" befolgt hätte, seine rabbinische Tätigkeit auf Austrittsgemeinden zu beschränken.

Das zweite Zeugnis ist eine Photographie. Sie zeigt meinen Großvater in der Gesellschaft einiger orthodoxer und liberaler Kollegen, die zusammen ihre Sommerferien in Heringsdorf an der Ostsee verbrachten. Für Berliner Juden war Heringsdorf ein sehr beliebter Ferienort. Angesichts dieser Photographie frage ich mich, ob die Zeit je kommen wird, in der orthodoxe und liberale Rabbiner in Amerika oder in England – vom Staate Israel gar nicht erst zu reden – davon träumen werden, ihre Sommerferien gemeinsam zu verbringen und sich dabei in nautischer Tracht mit Rudern, aber ohne Kopfbedeckung photographieren zu lassen!

Ungeachtet der Bemerkung der Redaktion des „Israelit" und trotz seiner *camaraderie* mit seinen nicht-orthodoxen rabbinischen Kollegen, unterhielt mein Großvater freundschaftliche Beziehungen zu den Menschen seiner rabbinischen *alma mater*.[13] Als der Rektor des Rabbinerseminars, Rabbiner Dr. David Hoffmann, eine Ausgabe der *Mischnah* plante, mit einem vokalisierten hebräischen Text, einer deutschen Übersetzung und einem wissenschaftlichen Kommentar, vertraute er die Ordnung der *Mischnah*, die sich mit „Frauen" befaßt, meinem Großvater an. (Mein Großvater starb, ehe er diese Aufgabe vollenden konnte, aber ein großer Teil der veröffentlichten Ordnung *Naschim* („Frauen") stammt von ihm).

Wie im Fall seiner Doktorarbeit über Rabbi Ismael, nimmt auch diese Ausgabe der *Mischnah* (1968 in dritter Auflage in Basel wieder veröffentlicht), die in den 20er Jahren dieses Jahrhunderts hergestellt wurde, nicht die Ergebnisse der wissenschaftlichen Forschung einer späteren Zeit vorweg. Aber wenn ich mir von Zeit zu Zeit den Kommentar meines Großvaters ansehe, bin ich doch sehr beeindruckt nicht nur von der Selbstverständlichkeit, mit der dieser orthodoxe Berliner Gemeinderabbiner mit aramäischen, syrischen, arabischen, griechischen und lateinischen Quellen umzugehen wußte, sondern auch von seinen Versuchen, auf die wissenschaftlichen Arbeiten von Zacharias Frankel, Abraham Geiger, Heinrich Graetz und anderen einzugehen.

Mein Großvater starb im Jahre 1926, mein Vater schon zwei Jahre später. Ich selbst wurde im Jahre 1925 geboren. Meine Mutter achtete darauf, daß ich eine gute allgemeine und eine gute jüdische Erziehung genoß. Sie führte mich auch in die Familientradition ein. Dabei halfen ihr gelegentlich verschiedene Onkel und andere Verwandte, die in Deutschland (und auch in der Tschechoslowakei) orthodoxe Rabbiner waren. In jener Zeit haben orthodoxe Rabbinerfamilien in Deutschland viel untereinander geheiratet, so daß viele Rabbinerfamilien miteinander verwandt waren. Und obwohl wir nicht Mitglieder der orthodoxen Austrittsgemeinde waren, wurde ich in die Schule – Grundschule und Gymnasium – der „Adass Jisroel"-Gemeinde geschickt, weil diese Schule den Ruf hatte, die beste und intensivste jüdische Erziehung unter allen Berliner jüdischen Gemeinde- und Privatschulen zu bieten. Um das Abitur dieser Schule zu bestehen, mußte ein Schüler über genügend Wissen hinsichtlich des Talmuds und der ihm verwandten Literatur verfügen; zwei Seiten, die beliebig aus den vielen Bänden des Talmuds gewählt wurden, mußten aus dem Aramäischen übersetzt und auf Grund der hebräischen Kommentare von Raschi (1040–1105) und späteren Exegeten und Kasuisten erklärt werden.

Da diese Schule im November 1938 von den Nationalsozialisten geschlossen wurde und ich in der Untertertia die Schule verlassen mußte, hatte ich mir damals noch nicht das Wissen in der rabbinischen Literatur angeeignet, das von den Abiturienten verlangt wurde. Aber ich kann guten Gewissens behaupten, daß ich damals, als ich mit dreizehn Jahren die Schule verlassen mußte, auf manchem Gebiet der biblischen und rabbinischen Literatur mehr gelernt hatte, als heutzutage von den Absolventen des reformierten Rabbinerseminars in Amerika erwartet werden kann. Die „weltlichen" Fächer, die im „Adass Jisroel" Real-Gymnasium gelehrt wurden, standen auf gleich hohem Niveau. Bevor Juden keine deutschen Universitäten mehr besuchen durften, konnte man mit dem Abitur dieses Gymnasiums ohne weiteres in jeder Universität Aufnahme finden.

Vielleicht ist aber die Beschäftigung mit dem Talmud in einer orthodoxen jüdischen Schule gar nicht so erstaunlich. Schließlich war ja Talmud das Hauptfach der höheren jüdischen Erziehung fünfzehn Jahrhunderte hindurch. Meine Altersgenossen in Osteuropa mußten wahrscheinlich sogar noch mehr Talmud lernen als wir in Berlin. Was aber von orthodoxen Juden in Osteuropa fast gänzlich vernachlässigt wurde, war das Studium der hebräischen Grammatik und der Bibel selbst. Grammatische und biblische Studien waren in vielen orthodoxen Kreisen verdächtig, seitdem die *Haskalah,* die jüdische Aufklärungsbewegung im 18. und frühen 19. Jahrhundert, diese Studien förderte – ja, vielleicht schon seitdem die Sekte der Karäer (oder Karaiten) im 8. Jahrhundert den einfachen Sinn des biblischen Textes betonte und das Studium der hebräischen Grammatik betrieb, um der – oft ungrammatischen – rabbinischen Erklärung der Torah zu widersprechen. Wie dem auch sei, Tatsache ist, daß in dem blühenden jüdischen Erziehungswesen in Osteuropa vor dem Zweiten Weltkrieg selbst ein als „gelehrt" bekannter orthodoxer Jude einen Bibelvers als solchen meistens nur kennenlernte, wenn dieser Vers auf einer beliebigen Seite des Talmuds zitiert wurde – es sei denn, daß es sich um einen Vers handelte, der in der Liturgie oder in der synagogalen Schriftlesung vorkam. Kannte er ihn aber nur aus einem Zitat im Talmud, so war es leicht möglich, daß er den Bibelvers völlig aus seinem biblischen Kontext herausgerissen verstand. Da nun aber für Zwecke des praktischen Lebens ein Bibelvers ohnehin durch die Brille der rabbinischen Exegese gelesen werden mußte, mag sogar in der weitverbreiteten orthodoxen Ignoranz *in biblicis* eine gewisse Logik enthalten gewesen sein.

Aber die orthodoxe jüdische Schule, die ich in Berlin besuchte, war nicht nur eine Pflegestätte orthodoxer Unterweisung, sondern auch eine Konsequenz der jüdischen „Aufklärung". Es führt nämlich eine gerade Linie von Moses Mendelssohn (1729–1786), dem völlig observanten traditionellen Juden und Aufklärungsphilosophen, zu dem Streben von Samson Raphael Hirsch, die strenge Beobachtung des jüdischen Ritualgesetzes mit voller Teilnahme an der westlichen Kultur zu verbinden, *und* zu der weltanschaulichen Grundlage, auf der das Erziehungswerk der „Adass Jisroel"-Gemeinde in Berlin basierte. Die Schule der „Adass Jisroel" betonte das Studium des biblischen Textes im Original nicht weniger als das Studium der rabbinischen Literatur. Die Schüler mußten auch ganz intensiv hebräische Grammatik „pauken". Jüdische Geschichte war ein weiteres Schulfach bei uns, obwohl es oft in der ostjüdischen Orthodoxie vernachlässigt wurde.

Zusätzlich zur jüdischen Erziehung, die ich auf der Schule erhielt, besuchte ich auch den Religionsunterricht, der von den verschiedenen Synagogen in meinem Stadtviertel angeboten wurde. Die Unterrichtsstunden wurden in dem Schulgebäude einer der liberalen Synagogen abgehalten, aber der Leiter dieser Religionsschule, der auch mein Klassenlehrer war, war kein anderer als der orthodoxe Rabbiner der Synagoge, in der meine Familie betete. Die Jüdische Gemeinde zu Berlin versorgte ihre Kinder mit einer jüdischen Erziehung. Es schien nicht notwendig zu sein, den Inhalt dieser jüdischen Erziehung davon abhängig zu machen, ob die Synagoge, in der die Eltern der Kinder beteten, Gottesdienst mit Orgelbegleitung abhielt oder nicht und ob dort aus einem orthodoxen oder einem liberalen Gebetbuch gebetet wurde. Es gab genügend Gemeinsames, das alle Juden zu lernen hatten, um eine „konfessionelle" Zersplitterung des Lehrplans zu verhindern. So konnte es also vorkommen, daß ein orthodoxer Rabbiner mit seinem Klassenzimmer im Schulgebäude einer liberalen Synagoge *allen* jüdischen Kindern eines Berliner Stadtteils Religionsunterricht erteilen durfte. (In England und in den Vereinigten Staaten, vom Staate Israel gar nicht erst zu reden, wäre so etwas absolut undenkbar).

Als ob ich in meiner Schule und in meiner Religionsschule immer noch nicht eine genügende jüdische Erziehung erhielt, meldete ich mich auch noch freiwillig zu einer Klasse, die unser Rabbiner in seiner Privatwohnung für jene Schüler abhielt, die über das verlangte Pensum der Religionsschule hinaus lernen wollten. Aus irgendeinem Grund, wahrscheinlich weil die rabbinische Lehre ursprünglich einmal tatsächlich mündlich tradiert wurde, kam unser Rabbiner auf die Idee, ganze Traktate der *Mischnah* (d. h. der ersten schriftlichen Quelle des rabbinischen Judentums, im frühen 3. christlichen Jahrhundert entstanden) von seinen Schülern auswendig lernen zu lassen. Ich muß etwa elf oder zwölf Jahre alt gewesen sein, als ich zwei Traktate der *Mischnah (Rosch Haschanah*, über das jüdische Neujahrsfest und den jüdischen Kalender, und *Megillah,* über das Purimfest und andere liturgische Einrichtungen) auswendig aufsagen konnte. Das waren ungefähr neunzehn Druckseiten.

Für diese Gedächtnisleistung erhielt ich einen Preis: die von unserem Rabbiner verfaßte deutsche Übersetzung des arabisch geschriebenen „Führer der Verirrten" von dem größten Philosophen des jüdischen Mittelalters, Moses Maimonides (1135–1204). Als Zwölfjähriger konnte ich allerdings nicht viel damit anfangen, aber allein die Kenntnisnahme, daß es ein derartiges Werk gibt, mag später als Ansporn gedient haben, mein Interesse für Maimonides zu erwecken. Der Rabbiner, der mir seine Maimonides-Übersetzung schenkte, war nämlich nicht nur unser Gemeinderabbiner und mein Religionslehrer; er war zur gleichen Zeit auch Dozent für jüdische Religionsphilosophie am orthodoxen Rabbinerseminar. Er hieß Alexander Altmann (1906–1987). Wir Jungen in der Gemeinde haben ihn fast vergöttert, und ich blieb in Kontakt mit ihm bis zu seinem Tode.

Durch alle Metamorphosen meiner religiösen Entwicklung bezeugte er mir stets sein persönliches Interesse, selbst dann, als ich ihm erklären mußte, daß ich der Orthodoxie meiner Kindheit den Rücken gekehrt hatte. Seine eigene orthodoxe Lebensführung kannte keinen Schimmer von Intoleranz, und er war und blieb bis zu seinem Lebensende aller Wissenschaft und allen Wissenschaftlern, ungeachtet ihrer regligiösen Haltung, völlig aufgeschlossen. Altmann verließ Berlin einen Tag nach meiner *Barmizwah* (Einsegnungsfeier eines Dreizehnjährigen) im August 1938 und wurde orthodoxer Gemeinderabbiner in Manchester, England. Später wurde er eine der führenden Persönlichkeiten unter den Professoren der Brandeis University in Amerika und weltweit einer der bedeutendsten Vertreter der Wissenschaft des Judentums. Als Mendelssohn-Forscher par excellence wirkte er auch tonangebend in der Internationalen Lessing Gesellschaft. Zwei Jahre vor seinem Tode hatten meine Frau und ich die Ehre und das Vergnügen, bei Altmann und seiner Frau zum Mittagessen eingeladen zu sein. Ich fragte ihn bei dieser Gelegenheit, ob er meinte, daß es die Art der jüdischen Orthodoxie, die er in Deutschland vertreten hatte, jemals in anderen Teilen der Welt wieder geben würde. Mit traurigem Lächeln verneinte er meine Frage. Auch einen Alexander Altmann wird es kaum noch wieder geben.

Wenn ich nach mehr als einem halben Jahrhundert versuche, das zu analysieren, was mir damals in meiner Kindheit das deutsche orthodoxe Judentum bedeutete, stoße ich auf Gefühle großer Zufriedenheit und das Bewußtsein intensiver geistiger Anregung. Trotz der immer größer werdenden Gefahr, unter der die Juden damals im nationalsozialistischen Deutschland lebten, gab einem das Judesein eine tiefe Befriedigung. Unser jüdisches Leben war auch in ästhetischer Hinsicht reich. Ich betrachtete es als großes Privileg, in unserem Synagogenchor singen zu dürfen. Wir übten die vielen zeremoniellen Bräuche der jüdischen Tradition mit einer gewissen Würde und einem Sinn für Schönheit aus. Es genügte uns nie, den „Buchstaben des Gesetzes" zu erfüllen. Wichtig war auch, was die rabbinische Lehre *hiddur mizwah* nennt, d. h., es ging uns immer auch darum, die Gebote auf schöne Art und Weise zu erfüllen. Dieser Sinn für Ästhetik zeigte sich darin, wie wir die Laubhütte zum Laubhüttenfest bauten und ausschmückten; aber auch in der formellen Kleidung, die man zum Synagogenbesuch trug. Man konnte das daran festmachen, wie etwa die Torah in der Synagoge vorgelesen wurde: Die Aussprache eines jeden Wortes war grammatikalisch korrekt und entsprach auch musikalisch der notierten Kantilene. Typisch in dieser Hinsicht war auch die fast stattlich zu nennende Prozession der Kinder mit ihren Fähnchen am *Simchath-Torah*-Fest wie auch die bewußte Vermeidung eines Brauches, der unter den Juden Osteuropas und des Nahen Ostens so sehr beliebt war und ist: Bei der synagogalen Vorlesung des Buches Ester am Purimfest jedesmal, wenn der Name Hamans erwähnt wird, einen großen Lärm zu machen, so daß der Name dieses Bösewichts fast gar nicht gehört werden kann.

Ein deutsches Wort beschreibt die Art, in welcher die deutschen orthodoxen (und nicht nur die orthodoxen) Juden ihr Judentum lebten. Es ist das Wort „vornehm".

III

Lehrjahre

Wie „deutsch" das Judentum meiner Kindheit war und wie sehr es mit einer ganz bestimmten Umwelt verbunden war, das mußte ich erst ein paar Jahre später erfahren, als ich sechzehn Jahre alt war und Student am Glasgow Rabbinical College wurde. Trotz dieses akademisch klingenden Namens, war das Glasgow Rabbinical College doch nur eine *Jeschibhah,* d. h. eine Rabbinerschule ostjüdischen Stils, die man auf schottischem Boden errichtet hatte – ohne viel Kenntnis davon zu nehmen, daß man in Schottland lebte und das 20. Jahrhundert schrieb. Es ist zweifelhaft, ob die Lehrer an dieser Anstalt je von Rabbiner Samson Raphael Hirsch gehört hatten. Sicher ist nur, daß sein Motto: *torah 'im derekh erez* (traditionelle Gesetzeserfüllung verbunden mit Teilnahme an der Kultur des Westens) dort nicht anerkannt wurde.

Bis auf die „leichte Lektüre" (!) wie die des Buches Ijob und verschiedener trister Moraltraktate, die den Studenten erlaubt war, und bis auf den Wochenabschnitt der Torah, der am Sabbatnachmittag mit verschiedenen mittelalterlichen Kommentaren studiert wurde, bestand der Lehrplan des Glasgow Rabbinical College einzig und allein aus Talmud. Von morgens bis abends wurde Talmud studiert. Ich werde den osteuropäischen Juden im schottischen Glasgow stets dafür dankbar bleiben, daß sie mir das Studium an ihrer *Jeschibhah* ermöglicht hatten. Wenn ich daran denke, wie viele Millionen von Dollar in den Etat eines amerikanischen Rabbinerseminars gehen, kann ich nur staunen, wie es die weit weniger begüterten Mitglieder der jüdischen Gemeinde in Glasgow fertiggebracht hatten, eine Rabbinerschule in ihrer Mitte zu unterhalten. Der Lehrkörper, angefangen mit dem Rektor, war gewiß schlecht bezahlt und allein von der Liebe zur Torah motiviert. Einfache Ladenbesitzer erboten sich freiwillig, die

Schüler der *Jeschibhah* mit koscheren Lebensmitteln zu versorgen, oder sie wurden jedenfalls dazu überredet. Familien mit einem zuverlässigen Grad an Orthodoxie stellten Schlafzimmer in ihren Wohnungen für die Schüler zur Verfügung. Andere Familien, aus Witwen und Waisen bestehend, offerierten denjenigen Schülern der *Jeschibhah* warme Sabbatmahlzeiten, die sich dazu bereiterklärten, in ihren Wohnungen *Qiddusch* (Sabbatsegen über Wein und Brot) und den Tischdank vorzubeten und der Familie, die begierig zuhörte, etwas von der Weisheit der Torah zu vermitteln.

Keinesfalls kamen alle Studenten – wie ich – zum Glasgow Rabbinical College, weil sie den Rabbinerberuf gewählt hatten. Ja, man sah dort sogar etwas höhnisch auf diejenigen Studenten herab, die sich als Rabbiner ordinieren lassen wollten. Denn solche Studenten beabsichtigten doch ganz offensichtlich, aus der Torah „einen Grabscheit zu machen, um damit zu graben"[1], d. h. ihren Lebensunterhalt dadurch zu verdienen, daß sie rabbinische Funktionen ausüben. Das Ideal der *Jeschibhah* war dagegen das Torahstudium *lischmah,* d. h. um der Torah selbst willen. Einige Studenten verbrachten tatsächlich viele Jahre auf den Bänken der *Jeschibhah,* ohne überhaupt an eine rabbinische Ordination zu denken. Manche kamen täglich nach getaner Arbeit im Geschäft, in der Werkstatt oder im Büro, um keinen Tag ohne Torahstudium vergehen zu lassen.

Ein nach pädagogischen Prinzipien ausgearbeiteter Lehrplan existierte am Glasgow Rabbinical College nicht. Es wurde auch keiner gebraucht, da ja Talmud das einzige Lehrfach war. Man lernte den Talmud entweder in der Klasse für die Anfänger oder in der Klasse für die fortgeschrittenen Studenten. Die Prüfungen waren mündlich und wurden bei versammelter Gemeinde in der Synagoge der *Jeschibhah* abgehalten. Man wollte nämlich den Menschen, die die *Jeschibhah* finanziell unterstützten, beweisen, daß sie ihr Geld am rechten Ort investiert hatten. Die Prüfungen wurden von einem aus den verschiedenen orthodoxen Rabbinern der Stadt bestehenden Kollegium vorgenommen.

Man mußte sich an diese mündlichen, in aller Öffentlichkeit abgehaltenen Prüfungen erst gewöhnen. Recht bald lernte man aber, die ersten paar Fragen so zu beantworten, daß die prüfenden Rabbiner untereinander in heftige Diskussionen gerieten und somit den Studenten weitere Fragen erspart blieben.

Wollte sich ein Student nach vielen Jahren des Talmudstudiums als Rabbiner ordinieren lassen, dann benachrichtigte er den Rektor davon und machte sich privat an das fleißige Studium derjenigen Teile des im 16. Jahrhundert verfaßten Gesetzeskodex *Schulchan ' Arukh,* in denen die Speise- und Ehegesetze behandelt werden. Wenn er sich in dieser Materie genügend auskannte, unterzog er sich der recht schwierigen Prüfung, die zur Ordination führte. Nur ganz wenige Studenten am Glasgow Rabbinical College haben diesen Schritt unternommen. Dies wohl nicht nur, weil man dort nicht gerade zur Ordination ermutigt wurde, sondern auch aus einem anderen Grund: Es gab im Großbritannien der 40er Jahre (inzwischen ist es leider anders geworden) herzlich wenige orthodoxe Gemeinden, die bereit waren, einen Rabbiner anzustellen, dessen einzige Sachkenntnis die talmudische Dialektik war und dessen weltliche Bildung tief unter dem Niveau eines Absolventen der Universität lag.

Das „weltliche" Studium war den Talmudjüngern, die ganztags am Glasgow Rabbinical College studierten, strengstens untersagt. Von ihnen wurde verlangt, daß sie ihre *ganze* Zeit dem Studium der göttlichen Lehre widmen, wie sie nach orthodoxer Auffassung im Talmud zum Ausdruck kommt. Mir selbst wurde die Erlaubnis verweigert, in Abendkurse zu gehen, die es mir ermöglicht hätten, meine Ausbildung in „weltlichen" Fächern nachzuholen, da ich als Dreizehnjähriger von den Nationalsozialisten gezwungen wurde, diese zu unterbrechen. Ohne Ausbildung konnte ich natürlich von keiner Universität aufgenommen werden. Mir wurde, wie ich hätte voraussehen können, diese Erlaubnis deshalb verweigert, weil mein von mir beabsichtigtes Universitätsstudium auf Kosten der Zeit stattfinden würde, die rechtmäßig dem Torahstudium gehörte. Wenn ich heute zurückblicke, scheint es mir, daß diese Feindschaft dem „weltlichen" Studium gegenüber der Grund für meine Abkehr von der jüdischen Orthodoxie gewesen ist.

Es war nicht etwa so, daß das intensive Talmudstudium, das ich in Glasgow zu betreiben hatte, ein *sacrificium intellectus,* wie das die Kirche so etwas nennt, also einen frommen Verzicht auf meine Vernunft verlangt hätte. Ganz im Gegenteil: Nichts erfordert so viel geistige und logische Mühe wie das richtige Verstehen eines Arguments auf einer Talmudseite, Hand in Hand mit der Kasuistik der mittelalterlichen und der modernen Talmudkommentatoren. Die Disziplin, die in der nichtjüdischen Welt dem Talmudstudium am meisten entspricht, ist nicht die Theologie, sondern die Rechtswissenschaft. Doch trotz aller Herausforderungen meiner logischen Fähigkeiten beim Talmudstudium in Glasgow, erschien mir dieses Studium als geistig dürr, weil es ihm an denjenigen Einsichten mangelte, die nur ein historisches Verständnis bieten kann, und weil man in Glasgow ganz sorgfältig jegliche Vorstellung von einer religiösen Entwicklung vermied.

Die Seiten des Talmuds enthalten eine Mischung von *Halakhah,* d. h. Diskussionen über Fragen des Religionsgesetzes, und *Aggadah,* d. h. nicht-gesetzliche Erzählungen, in denen die alten Rabbinen ihrem Ringen um theologische Fragen Ausdruck gaben. Am Glasgow Rabbinical College wurde, wie allgemein in den osteuropäischen Rabbinerschulen, die *Halakhah* betont. *Aggadah*-Stellen im Talmud wurden zwar nicht übersprungen, aber sie wurden einfach nur übersetzt, ohne daß man dabei auf die theologischen Probleme einging, um die es sich bei den *Aggadah*-Stellen handelte.

Ich will hier nicht die Art des Talmudstudiums verurteilen, der ich am Glasgow Rabbinical College ausgesetzt war. Es stimmt zwar, daß ich von dieser Art des Studiums nicht gerade begeistert war, und ich fand sie auch dürr und meiner religiösen Suche nicht besonders nützlich. Trotzdem muß ich im Rückblick auf meine Glasgower Zeit an eine Geschichte denken, die sich zehn Jahre später und in einem ganz anderen Zusammenhang abgespielt hat. Sie handelt von Sir Basil Henriques (1890–1961), einem berühmten englischen Juden, der sich um die Sozial- und Jugendarbeit in England sehr verdient gemacht hat. In den 50er Jahren wurde Sir Basil von der britischen Regierung nach Amerika geschickt, um sich das (bekanntlich nicht besonders anspruchsvolle) Erziehungswesen in den Vereinigten Staaten anzusehen. Als er zur Heimfahrt nach England an Bord seines Schiffes ging, wurde er von den amerikanischen Berichterstattern gefragt: „Also, Sir Basil, was halten Sie nun eigentlich von dem amerikanischen Erziehungswesen?" Sir Basil Henriques, immer der echte britische Gentleman, antwortete kurz: „Wissen Sie, die englischen Schulkinder mögen ja auch das Rechnenlernen nicht besonders. Aber wir lassen sie trotzdem statt Rechnen keine Papierpuppen ausschneiden."

Wenn man wirklich und ernstlich den Talmud kennenlernen will, wenn man sein Gedächtnis mit talmudischen Zitaten und religionsgesetzlichen Präzedenzfällen anfüllen möchte, und wenn man zu verstehen sucht, wie die alten Rabbinen tatsächlich dachten, dann gibt es keinen Ersatz für das intensive Textstudium, so wie es am Glasgow Rabbinical College gehandhabt wurde. Dann kann man nicht umhin, in seinem Gedächtnis immer weitere Parallelen und Analogien zu speichern. Hat man erst einmal dieses Wissen erworben, dann kann man auch, wenn man will, an die bereits gelernten Texte mit den modernen Methoden der Textanalyse herangehen und sich mit Quellenscheidung und Redaktionskritik befassen. Lernt man aber nur die moderne wissenschaftliche Methodik anhand weniger Texte, die scheinbar nur dazu dienen, die Methodik vorzuexerzieren, wie das häufig an Universitäten und modernistischen Rabbinerseminaren der Fall ist, dann wird man sich nie richtig im Talmud auskennen. Bloße Methodologien, ohne die Texte, auf die sie sich beziehen, sind wie Zuckerguß auf einem nicht vorhandenen Kuchen. Ich wäre wohl kaum mit einunddreißig Jahren „Assistant Professor" für Rabbinische Studien an einem Rabbinerseminar geworden, mit raschen Beförderungen bis zum Ordinarius wenige Jahre später, wenn ich mir nicht das Wissen angeeignet hätte, das mir am Glasgow Rabbinical College dargeboten wurde.

Dennoch habe ich nie ernstlich daran gedacht, meine eigenen drei Söhne auf eine *Jeschibhah* zu schicken. Ich, der ich aus einem ganz anderen, wenn auch orthodoxem Milieu kam, wurde durch meine Erfahrung mit der *Jeschibhah* dazu veranlaßt, der Orthodoxie den Rücken zu kehren. Immerhin konnte ich in einer anderen Form des Judentums meine geistige und religiöse Heimat finden. Aber meine Kinder, so mußte ich befürchten, die nun nicht aus einem orthodoxen Milieu stammen, könnten von einer *Jeschibhah* dem Judentum total entfremdet werden.

Es war die enge Welt der *Jeschibhah*, die tatsächlich zu meinem Bruch mit dem orthodoxen Judentum geführt hat. Der Gegensatz zwischen dem orthodoxen Judentum, das ich in meiner Kindheit lieben gelernt hatte, und dem orthodoxen Judentum, dem ich am Glasgow Rabbinical College begegnete, war enorm. Es handelte sich hier beinahe um zwei verschiedene Religionen. Der totale Mangel an Sinn für Schönheit bei der Ausübung von religiösen Bräuchen und bei der synagogalen Andacht, die Feindschaft gegen die weltliche Bildung, die herablassende Art, auf Glaubensgenossen zu blicken, die eine liberalere Auffassung des Ritualgesetzes hatten, und das völlige Fehlen von Interesse an jüdischer Geschichte und jüdischer Theologie – all das veranlaßte mich, die verschiedenen Formen der jüdischen Orthodoxie als bloß relativ und nicht als absolut anzusehen.

Das orthodoxe Judentum, in dem ich selbst aufgewachsen bin, erschien mir jetzt so gänzlich mit der deutschen Umwelt, in der es einst entstanden ist, verknüpft zu sein, daß mir Zweifel darüber aufkamen, ob es überhaupt in anderen Milieus und anderen Zeiten seine Gültigkeit bewahren kann. Tatsächlich lernte ich aus späteren Erfahrungen, daß dieses deutsche orthodoxe Judentum – wie guter Wein – „nicht gut reist". Wo man versucht hatte, Hirschs *torah 'im derekh erez* (das Festhalten am religiösen Brauchtum verbunden mit weltlicher Kultur) in andere Länder – wie England, die Vereinigten Staaten, den Staat Israel – zu verpflanzen, da verschwand der *derekh-erez*-Bestandteil, d. h. die Bejahung der weltlichen Kultur, immer mehr, weil die führenden rabbinischen Persönlichkeiten der deutsch-jüdischen Orthodoxie im Exil ein Minderwertigkeitsgefühl an den Tag legten, wo immer die geistige Führung der in diesen Ländern bereits etablierten orthodoxen Gemeinden in den Händen von osteuropäischen Rabbinern lag.

Das Resultat war, daß die neueingewanderten deutschen Rabbiner statt ihre eigene Tradition zu retten und zu pflegen, sich immer mehr dem Ethos des osteuropäischen orthodoxen Judentums anpaßten. Von ihrer eigenen Tradition bewahrten sie oft kaum mehr als einige liturgische Besonderheiten des deutsch-jüdischen Ritus, wie z. B. das Heruntersagen sämtlicher liturgischer Gedichte des Mittelalters, die jemals von einem Drucker in das Gebetbuch des sog. „deutschen Ritus" aufgenommen worden waren. (Die ostjüdische Orthodoxie hat es mit der mittelalterlichen Poesie nie ganz so ernst genommen.) Nur in derartigen Dingen unterscheidet sich jetzt die exilierte deutsche Orthodoxie von der Orthodoxie anderer Länder. Nein: das deutsche orthodoxe Judentum „reist nicht gut".

Ich hätte es seinerzeit, als ich das Glasgow Rabbinical College verließ, wohl kaum so formuliert. Aber irgendwie hatte ich doch eine leise Ahnung davon. Ich hätte damals die Möglichkeit gehabt einzusehen, daß es *torah* in Verbindung mit *derekh erez* einfach nicht mehr gab, so daß man, wenn man *torah* haben wollte, sie nur auf *Jeschibhah*-Art verpackt genießen konnte. Aber gerade das hatte meinen Bruch mit der *Jeschibhah* verursacht, daß ich *torah* ohne *derekh erez* ungenießbar fand! Ich fand also dem *derekh erez* viel zu tief verbunden, als daß ich diese Alternative gewählt hätte.

Andererseits bestand die Möglichkeit, sich damit abzufinden, daß man auf *torah* verzichten muß, wenn man *derekh erez* haben will. Viele ehemalige deutsche Juden, die einst in einem deutschen orthodoxen Milieu aufgewachsen sind, haben dann auch in der Emigration diese Wahl getroffen. Dazu konnte ich mich aber auch nicht entscheiden.

Glücklicherweise machte ich damals die Entdeckung, daß es in England eine Form des Judentums gab, die auf ihre eigene Art *torah* mit *derekh erez* verband. Das war das Reformjudentum. Allerdings verstand das Reformjudentum *torah* etwas anders, als *torah* von der Orthodoxie verstanden wird. Während für die Hirschsche Orthodoxie *torah* etwas Statisches bedeutete, etwas Einmaliges, das für alle Zeiten so unwandelbar war wie die Naturgesetze, verstand das Reformjudentum *torah* als etwas Dynamisches, sich stets Entwickelndes, das sich immer mit den sich wandelnden Umständen des jüdischen Lebens in Einklang befindet. Es war diese Auffassung von *torah*, die mir verstehen half, warum das Judentum, das ich in meiner Kindheit geliebt hatte, so unwiderruflich und untrennbar mit der Zeit und dem Ort seiner Entstehung verbunden war, daß es als unverpflanzbar betrachtet werden mußte, wie sich auch das Judentum, das ich am Glasgow Rabbinical College kennenlernte, eben nur deshalb in seinem engen Rahmen erhalten konnte, weil es zusammen mit dem ostjüdischen Milieu, in dem es einst entstanden war, nach Schottland verpflanzt worden ist. Das Reformjudentum bot mir also eine historische Relativierung der äußeren Erscheinungsformen des Judentums an, die mir klarmachte, warum es einerseits das Judentum meiner Kindheit nicht mehr gab, und warum andererseits von mir nicht verlangt werden konnte, daß ich mich einem Ghettojudentum anschlösse, von dem Männer wie Moses Mendelssohn (1729–1786), Samson Raphael Hirsch (1808–1888), Esriel Hildesheimer (1820–1889), der Gründer des Berliner Rabbinerseminars und dessen langjähriger Rektor, David Hoffmann (1843–1921), die deutschen orthodoxen Juden schon seit geraumer Zeit befreit hatten.

Das Reformjudentum, das ich in den frühen 40er Jahren „entdeckte" – d. h. für mich selbst entdeckte, denn es bestand schon hundert Jahre, bevor ich seine Existenz bemerkte –, war ganz und gar nicht mit dem identisch, was damals (und auch noch heute) als Reformjudentum in Amerika bekannt war. Das britische Reformjudentum, nachdem es seine „karäische" Phase hinter sich gelassen hatte, in der die Bibel als Gotteswort anerkannt, der Talmud aber als bloßes Menschenwerk verworfen worden war[2], fand unter der geistigen Leitung von Reverend Morris Joseph (1848–1930) seinen Weg zurück in die Nähe der jüdischen Hauptströmung, die es aber mit dem Begriff einer „fortschreitenden Offenbarung" bereicherte. Diesem Begriff zufolge sind sowohl das Göttliche wie auch das Menschliche in *beiden* Hauptquellen des Judentums, also in der Bibel *und* in der rabbinischen Literatur zu finden. Was die religiöse Praxis betraf, so konnte das britische Reformjudentum etwa als das britische Gegenstück zu der „Links-vom-Zentrum-Orientierung" innerhalb des amerikanischen *konservativen* Judentums angesehen werden.[3]

In der Tat fühlen sich viele amerikanische Touristen, die in Amerika konservativen Synagogen angehören, von der West London Synagogue, der Prachtsynagoge des britischen Reformjudentums, angezogen, wie das auch schon während des Zweiten Weltkrieges der Fall war, als amerikanische konservative Rabbiner, die als Militärgeistliche in Europa dienten, in der West London Synagogue ihr zeitweiliges geistige Zentrum fanden.

Die Gottesdienste des britischen Reformjudentums waren würdevoll gestaltet und von Chor und Orgel begleitet. Die Gebete wurden teilweise auf hebräisch und teilweise auf englisch vorgetragen. Die Liturgie, obwohl in verkürzter Form, folgte hauptsächlich den Rubriken der traditionellen jüdischen Liturgie. Männer und Frauen saßen in der Synagoge zusammen, allerdings erst seit dem Ersten Weltkrieg; und von den Männern wurde verlangt, daß sie ihren Kopf beim Gebet bedecken und, beim Morgengottesdienst, den *Tallith* (Gebetsmantel) anlegen. Hier erlebte ich zum ersten Mal nach vielen Jahren die „Schönheit der Heiligkeit" (Psalm 29,2) wieder, die ich während meiner Studienzeit in Glasgow und den vorangehenden Jahren auf einer zionistischen Ausbildungsstätte in Schottland so vermißt hatte.

Der Mann, der in der hier beschriebenen Zeit für das ganze britische Reformjudentum tonangebend war, war der Hauptrabbiner der West London Synagogue, Dr. Harold F. Reinhart (1891 bis 1969),[4] Sohn einer reformierten jüdischen Familie an der Westküste Amerikas und 1915 vom reformierten Rabbinerseminar, dem Hebrew Union College in Cincinnati, als Rabbiner ordiniert, hatte Reinhart den theologischen Standpunkt des sog. „klassischen", d. h. radikalen amerikanischen Reformjudentums – mit seiner Bevorzugung des „Geistes" vor dem „Buchstaben des Gesetzes" – gründlichst internalisiert. Ein Bild von Kaufmann Kohler (1843–1926), dem Theologen *par excellence* des „klassischen" amerikanischen Reformjudentums, zierte ständig den Kaminsims seines Sprechzimmers. Aber Reinhart war „klassischer" Reformrabbiner *mit einem großen Unterschied.* Da er in keiner orthodoxen Familie aufgewachsen war, fühlte er auch nicht den Druck, gegen die Fülle von rituellen Observanzen zu rebellieren, und da er eine Dichterseele in sich barg, konnte er auch ein dichterisches Verständnis für traditionelle Formen des religiösen Lebens aufbringen. So sah er auch keinen Widerspruch zwischen seinen „klassischen" reformierten Überzeugungen und dem doch ziemlich „High Church"-Stil der Gottesdienste in der West London Synagogue. Hinzu kommt, daß Reinhart sich jeglichem „Konfessionalismus" im Judentum widersetzte und für „konfessionelle" Etikette innerhalb der jüdischen Glaubensgemeinschaft nichts übrig hatte. Mögen „die Anderen", so meinte er, uns „reformiert" nennen, wenn sie dazu Lust haben. Wir selbst wollen einfach nur „jüdisch" sein – und brauchen uns dafür mit keinem Etikett zu entschuldigen. Das war Reinharts jüdische Einstellung.

Solange er die führende rabbinische Position im britischen Reformjudentum bekleidete, erschien auch tatsächlich das Wort „reformiert" nicht im Namen des reformierten Synagogenverbandes. Erst als Reinhart pensioniert wurde, wagte es die „Association of Synagogues in Great Britain", sich auf „Reform Synagogues of Great Britain" umzubenennen und engere Beziehungen mit dem amerikanischen Reformjudentum, dem englischen Liberalen Judentum und dem Weltverband für das Liberale Judentum (World Union for Progressive Judaism) aufzunehmen.

Rabbiner Reinhart war der Mann, der sich meiner annahm und der es mir möglich machte, nach London zu übersiedeln, um meine vernachläßigte allgemeine Ausbildung nachzuholen. So konnte ich schließlich im Jahre 1947 den B. A. (Honours) Grad der Universität in London erlangen. Als kleine Gegenleistung meinerseits unterrichtete ich an der Religionsschule der West London Synagogue und widmete mich auch der Jugendarbeit. Letzteres führte dazu, daß ich Erziehungsleiter des reformiert-jüdischen Jugendvereins in Großbritannien wurde, und als solcher gründete ich Lernkreise in London und in der Provinz und leitete Studientagungen und Ferienkollegs, bei denen sich die Mitglieder aller Ortsgruppen treffen und kennenlernen konnten. Meine erste selbständige Veröffentlichung, ein Heftchen mit dem vielleicht etwas zu viel versprechenden Titel *Introduction to the Talmud* („Einleitung in den Talmud"), 1948 von der „Youth Association of Synagogues in Great Britain" veröffentlicht, legt Zeugnis von dieser Tätigkeit ab.

Es war zunächst mein Wunsch gewesen, an der Universität semitische Sprachen und Literatur zu studieren. Aber Rabbiner Reinhart riet mir davon ab. Er meinte, daß ich den Rest meines Lebens einem derartigen Studium widmen könnte, daß aber im Augenblick allgemeine, humanistische Studien für mich notwendiger wären. Deshalb studierte ich dann auch Psychologie als Hauptfach und Philosophie als Nebenfach. Um die Prüfung für das „Intermediate B. A." zu bestehen, paukte ich im ersten Jahr auch noch Latein, römische Geschichte, Logik und englische Literatur.

Dennoch wurden meine jüdischen Studien nicht unterbrochen. Damals lebte in London noch eine Anzahl von deutschen Rabbinern und Wissenschaftlern der Judaistik, die als Flüchtlinge nach England gekommen waren. Rabbiner Reinhart ließ mich bei einigen von ihnen Privatstunden nehmen, d. h. zusätzlich zu meinen Studien an der Universität und meiner Tätigkeit als Religionslehrer und Erziehungsleiter des Jugendvereins.

Der Privatlehrer, den ich am häufigsten aufsuchte, war Arthur Loewenstamm (1882–1965), der letzte Rabbiner der jüdischen Gemeinde in Spandau bei Berlin. Dr. Loewenstamm unterrichtete mich in der Exegese von Deuterojesaja und dem Buche Ijob, in ausgewählten Stücken des Gesetzeskodex *Schulchan 'Arukh* und seiner autoritativen Kommentatoren und auch in der Geschichte der mittelalterlichen jüdischen Philosophie.

Loewenstamm war ein sehr gewissenhafter Gelehrter und – wie die meisten liberalen Rabbiner Deutschlands – ein Absolvent des konservativen Rabbinerseminars in Breslau. Persönlich alle Einzelheiten des traditionellen jüdischen Religionsgesetzes beachtend, war er dennoch ein großer Bewunderer der religiösen Position Abraham Geigers (1810–1874), des ersten Theoretikers des reformierten Judentums in Deutschland. Loewenstamm hat oftmals darüber geklagt, daß Geiger vom britischen Reformjudentum nicht richtig verstanden und anerkannt worden ist. Dr. Loewenstamm führte mich auch in die Gedankenwelt des unter dem Namen *Achad Ha'Am* bekannten zionistischen Schriftstellers Ascher Ginsburg (1856–1927) ein – nicht etwa, weil er Ginsburgs jüdischen Nationalismus bejahte, was er wohl als Bewunderer Geigers kaum hätte tun können, sondern weil Ginsburg Verfechter eines rationalistischen Judentums war und Loewenstamm auch einer rationalistischen Auffassung des Judentums huldigte, die allerdings stark von der Ginsburgs abwich, da Ginsburg Agnostiker und Loewenstamm ein gläubiger Jude war. Loewenstamm war nämlich ein frommer und bescheidener Mensch. Ehe ich ihn kennenlernte, war er ein Pfeifenraucher gewesen. (Ich selbst bin während meiner Studienzeit in Glasgow Pfeifenraucher geworden, und Loewenstamm wußte von meiner Schwäche.) Aber am Anfang des Zweiten Weltkrieges machte dieser fromme Rabbi einen *neder*, d. h. ein religiöses Gelübde, daß er sich bis zur Niederlage der Nationalsozialisten keine Pfeife Tabak mehr schmekken lassen würde. Doch das war seine rein persönliche Askese. Denn jedesmal, wenn ich in seine Wohnung kam, um von ihm unterrichtet zu werden, brachte er zunächst seinen immer trockener werdenden, alten Tabak, den er in einer alten Zigarrenkiste aufbewahrte, und lud mich ein, meine Pfeife zu füllen und zu rauchen, noch ehe er sich meine Hausaufgaben ansah und den Unterricht begann.

Viel habe ich von Dr. Loewenstamm gelernt; und was ich von ihm gelernt hatte, ermöglichte es mir später, als ich am Hebrew Union College in Cincinnati studierte, den damals üblichen Studiengang von zwölf Semestern in sieben Semestern zu bewältigen. Aber das Wichtigste in meinem Studium bei Loewenstamm war der Mann selbst. Denn er vereinte und verkörperte in seiner Person Charakterzüge, die durch die Jahrhunderte typisch für den deutschen Rabbiner gewesen sind: die gewissenhafte Gelehrsamkeit, die persönliche Frömmigkeit, das zielbewußte Aufrechterhalten der Tradition, die nicht anmaßende Bescheidenheit, einen Einschlag von Askese und – dies ein Beitrag des 18. und 19. Jahrhunderts – eine Vorliebe für die Forderungen der Vernunft.

Benno Jacob (1862–1945) war seinerzeit liberaler Rabbiner in Dortmund gewesen und verband seine seelsorgerischen Pflichten und seine Kämpfe gegen den Antisemitismus mit großen Errungenschaften in der Bibelwissenschaft, die ihm einen internationalen Ruf einbrachten.[5] Im Jahre 1934 hatte er einen berühmten Kommentar zum Buche Genesis erscheinen lassen und, als ich ihn in seinen achtziger Jahren in London kennenlernte, arbeitete er fleißig an seinem Kommentar zum Buche Exodus. Obwohl Benno Jacob absolut nicht behauptete, daß Mose den Pentateuch niedergeschrieben hatte, widersetzte er sich dennoch der Art von Bibelkritik, wie sie von Julius Wellhausen (1844–1918) und anderen geübt wurde. Dieser ganze Zugang zum Bibelstudium schien ihm falsch zu sein, denn die literarische Einheit des Pentateuchs war ihm, allein vom literarischen Standpunkt aus gesehen, so klar, daß die Wellhausensche „Quellenscheidung" nur reinster Blödsinn sein konnte.

Zu diesem Benno Jacob wurde ich nun geschickt, um meine Kenntnisse in hebräischer Grammatik und Bibelexegese zu vermehren. Er war ein sehr harter Zuchtmeister, und er hielt es auch für höchst wichtig, daß sein Schüler ganze Stücke der Hebräischen Bibel auswendig lernte. (Das war mir damals gar nicht so lieb. Inzwischen bin ich ihm aber dafür sehr dankbar geworden.) Auch hatte er kein Verständnis dafür, daß ein junger Mann, der Jahre seiner vernachlässigten allgemeinen Bildung nachholen mußte, um die Matrikulationsprüfung der Londoner Universität zu bestehen, und der daneben noch seinen Lebensunterhalt verdienen mußte, eben nicht in der Lage war, den von Herrn Dr. Benno Jacob verlangten Hausaufgaben sein alleiniges Interesse zu widmen.

Einmal verlangte er von mir, daß ich zwischen zwei Unterrichtsstunden nicht weniger als fünf hebräische Verben in allen Formen und in allen sieben Konjugationen niederschreiben sollte. Ich fand nur für drei Zeit. Benno Jacob explodierte. Er regte sich sehr leicht auf. Als deutscher Universitätsstudent hatte er seinerzeit antisemitische Kommilitonen zu wirklichen Duellen herausgefordert. Jetzt ließ er seine Wut an mir aus. „Junger Mann", schrie er mich an, „Sie haben kein Recht, Rabbiner werden zu wollen! Wenn Sie keine fünf hebräischen Verba in allen Formen niederschreiben können, dann sollten Sie gar nicht erst versuchen, Rabbiner zu werden. Warum werden Sie denn nicht Schuster?"

Vergleiche mit handwerklichen Berufen schienen ihm auf der Hand (oder war es die Zunge?) zu liegen. Als ich ihn zum ersten

Mal besuchte – er lebte damals in einer koscheren Pension im Londoner Stadtteil Golders Green –, sagte er zu mir: „Junger Mann, ich kannte Ihren Großvater. Ich kannte Ihre ganze Familie. Wie kann ich Ihnen behilflich sein?" Ich begann meine Antwort damit, daß ich ihm erzählte, daß ich Reformrabbiner werden wollte. Aber schon unterbrach er mich. „Blödsinn!", schrie Benno Jacob, der einst als einer der führenden *liberalen* Rabbiner Deutschlands betrachtet wurde. „Wenn jemand sich auf die Herstellung von Stühlen spezialisieren will, dann fängt er nicht mit dieser Spezialität an. Er muß nämlich zuerst Tischlerei lernen. Erst danach kann er sich eine Spezialität aussuchen, wie die Herstellung von Stühlen. Sie, junger Mann, müssen also zuerst Rabbiner werden, bevor Sie in der Lage sein werden, die Entscheidung zu treffen, welchem Zweig des Judentums Sie dienen wollen!"

In diesen Worten lag mehr Wahrheit, als ich damals verstehen konnte. Es würde dem Judentum tatsächlich wohltun, wenn alle Rabbiner, ungeachtet ihrer „konfessionellen" Zugehörigkeit, denselben Studiengang und das gleiche jüdische Wissen in sich aufnehmen würden, um sich dann auf Grund ihres Wissens, und nicht, wie es leider so oft geschieht, aus bloßer Ignoranz, zu entscheiden, ob sie in orthodoxen, konservativen, liberalen oder reformierten Gemeinden amtieren wollen. Leider gibt es einen derartigen Studiengang noch nicht. Vielleicht könnten wir uns, wenn es allen Rabbinerseminaren gelingen sollte, Dozenten wie Benno Jacob zu finden, einem solchen Ziel nähern.

Meine Erfahrungen mit Benno Jacob hatten ein Nachspiel. Viele Jahre später, als ich bereits Professor am Hebrew Union College war, fand ich unter den Studenten, die vor mir saßen, einen Enkel von Benno Jacob. So jähzornig der Großvater auch gewesen sein mag, im heutigen amerikanischen Reformjudentum gibt es keinen sanfteren Rabbiner als Dr. Walter Jacob, Hauptrabbiner der historischen Rodeph-Schalom-Gemeinde in Pittsburgh, Pennsylvania. Bei seinem fünfundzwanzigsten Amtsjubiläum, im April 1991, war es mir vergönnt, die Festrede zu halten.

Ein anderer Lehrer von mir in London war Professor Isaak Markon (1875–1949). Er hatte die bolschewistische Revolution in Rußland als Professor für Judaistik, 1917–1920 an der Universität in St. Petersburg (Leningrad), 1922–1924 an der Universität von Minsk, überstanden. Als Mitglied einer wissenschaftlichen Delegation, die 1926 nach Deutschland entsandt wurde, blieb er im Westen und wurde Bibliothekar der jüdischen Gemeinde in Hamburg. 1938 wanderte er nach Holland aus und kam später nach England. Markon war einer der größten Spezialisten in der Welt auf dem Gebiet der Karäerforschung. (Die Karäer waren eine im 8. Jahrhundert entstandene jüdische Sekte, die sich vom Talmud und der rabbinischen Tradition lossagte und ein einzig und allein auf der Bibel basierendes Judentum erstrebte.) Aber ich war nicht zu Professor Markon geschickt worden, um viel über die Karäer zu lernen. Im Gegenteil, es war gerade der rabbinische *Talmud*, den er mich lehren sollte.

Markon bestand darauf, mit mir den Traktat *Chullin* durchzunehmen, ein Traktat, der sich hauptsächlich mit dem Schächten, d. h. der religionsgesetzlich vorgeschriebenen Methode, Tiere und Geflügel zu schlachten, und mit anderen Einzelheiten der jüdischen Speisegesetze befaßt. Er muß wohl den Verdacht gehabt haben, daß in meiner weiteren Ausbildung als religiös-liberaler Rabbiner gerade dieser Bestandteil der rabbinischen Literatur keine große Beachtung finden würde. Der Verdacht war berechtigt; und ich bin Professor Markon bis zum heutigen Tag dafür dankbar, daß er mich in diesen Traktat des Talmuds eingeführt hat. Zwar bin ich nie ein großer Sachverständiger auf dem Gebiet des Tiereschlachtens geworden, und ich bin auch von Natur aus ein bißchen zimperlich, wenn es zu diesen Dingen kommt. Aber das Studium des Traktats *Chullin* sollte sich mir später als sehr nützlich erweisen. Ungefähr fünfzehn Jahre nachdem ich bei Markon gelernt hatte, schrieb ich einen Artikel für das *Hebrew Union College Annual* über die verschiedenen Arten von Sündern und die Motivationen ihrer Sünden – ein Thema, dessen *locus classicus* sich gerade im Traktat *Chullin* befindet![6]

Neben Talmud, der ja hauptsächlich in aramäischer Sprache verfaßt ist, sollte ich bei Professor Markon auch hebräische Stilistik lernen. Zu diesem Zweck benutzten wir Markons in hebräischer Sprache geschriebene Lebenserinnerungen, die damals in Fortsetzungen in dem Londoner hebräischen Jahrbuch *Mezudah* erschienen. So konnte ich nicht nur meinen hebräischen Stil vervollkommnen – was mir in den Jahren 1963–1964 sehr zugute kam, als ich, damals Direktor und Rabbiner des Hebrew Union College in Jerusalem, jeden Sabbat hebräisch predigen mußte –, sondern ich lernte auch höchst interessante Einzelheiten der modernen jüdischen Geschichte kennen.

Zur Zeit meines Studiums bei Professor Markon fanden in London gerade die deutschen Luftangriffe mit der „V 1" statt, d. h. mit einer „fliegenden Bombe", die zu Boden fiel, wenn der Motor aussetzte. Die Bevölkerung Londons war von den Luftschutzbehörden informiert worden, daß man „sicher" war, solange man den Motor der „V 1" hören konnte, daß man aber sofort Deckung zu suchen hatte, sobald man den Motor nicht mehr hörte. Das geschah ziemlich oft, als ich bei Markon in seiner Wohnung studierte. Ich kroch dann immer sofort unter den Tisch, auf dem die aufgeschlagenen Talmudfolianten lagen. Jedesmal machte sich Markon deswegen über mich lustig und versicherte mir, daß diejenigen, die sich mit dem Torahstudium befassen, keiner Gefahr ausgesetzt sind. Armer Markon! Nach all den Leiden, die er und seine Frau durchzumachen hatten, ehe sie nach London kamen, blieb es ihnen nicht erspart, gleich zweimal während des Krieges ihre Londoner Wohnung durch deutsche Bomben zu verlieren.

Aber Markon war immer heiter und guten Gemüts. Seine Seele war eine *anima naturaliter judaica;* und er trug sein enormes Wissen mit großer Bescheidenheit. Rückblickend erscheint mir als das Bemerkenswerteste an dem Unterricht, den er mir erteilte, daß er, der Karäer-Spezialist von Weltruf, nie über das Karäertum sprach, sondern sich auf die Fächer beschränkte, die er sich verpflichtet hatte mir beizubringen. Meine eigenen wissenschaftlichen Steckenpferde – jüdische Theologie und Liturgie wie auch jüdisch-christliche Studien – tauchen in jedem x-beliebigen Fach auf, das ich zu unterrichten habe.

Ein weiterer Lehrer, den ich in London hatte, war Bruno Italiener (1881–1956), der letzte Oberrabbiner des historischen Tempels in Hamburg. Als ich ihn kennenlernte, war er zweiter Rabbiner an der bereits erwähnten West London Synagogue. Als Absolvent des konservativen Rabbinerseminars in Breslau, hatte er zunächst als liberaler Rabbiner in Darmstadt amtiert und wurde danach an den Tempel in Hamburg berufen. Dieser Tempel war die erste jüdische Gemeinde in der Welt, die auf einer bewußt „reformierten" Basis gegründet wurde. Als der Hamburger Tempel im Jahre 1818 seine Tore öffnete und besonders als im Jahre 1819 sein erstes Gebetbuch erschien, rief diese Gemeinde sehr viel Widerspruch bei den traditionell gesinnten Juden Europas hervor – obwohl, nach amerikanischen Maßstäben beurteilt, der Hamburger Tempel eher als „konservativ" betrachtet werden könnte. In späteren Jahren, ganz besonders unter der geistigen Leitung Italieners, näherte sich der Hamburger Tempel sogar noch mehr der altherkömmlichen Weise des jüdischen Gottesdienstes – ohne jedoch je die „reformierte" Orgelbegleitung von Kantor und Chor und die Würde des liberalen Gottesdienstes aufzugeben.

Im Jahre 1927 hatte Italiener *Die Darmstädter Pessach-Haggadah,* d. h. ein mittelalterliches illustriertes Manuskript der häuslichen Andacht an den ersten zwei Abenden des Pessachfestes, veröffentlicht. Das war nicht nur ein Beitrag zur Geschichte der mittelalterlichen illustrierten Manuskripte, sondern auch eine wissenschaftliche Erforschung der Entwicklung des Textes der traditionellen Pessach-Haggadah. Haggadah-Kunde war überhaupt Italieners wissenschaftliche Lieblingsbeschäftigung, und was ich davon weiß, habe ich bei ihm gelernt. Die Art, in der ich noch heutzutage die häusliche Andacht am Pessachabend in meiner Familie leite, verdanke ich zum großen Teil Rabbiner Italiener. Als meine Frau und ich im Jahre 1946 in der West London Synagogue heirateten, war Italiener einer der drei Rabbiner, die uns trauten. (Die anderen beiden waren der bereits erwähnte Harold F. Reinhart und Leo Baeck.) Als Hochzeitsgeschenk gab uns Dr. Italiener einen silbernen Weinpokal (den wir noch heute am Pessachabend benutzen) und die von E. D. Goldschmidt besorgte wissenschaftliche Ausgabe der Pessach-Haggadah mit deutschem Kommentar.

Es war Italieners eigenes Exemplar, denn dieses Buch war 1946 in London nicht mehr erhältlich.

Dr. Italiener hatte auch ein anderes Interessengebiet: die Gedankenwelt von Rudolf Otto (1869–1937). Er las mit mir Ottos Buch *Das Heilige* (1917) und führte mich in eine Dimension des religiösen Denkens ein, die sich erheblich von dem flachen Rationalismus unterschied, der damals noch, also in den 60er Jahren, im britischen Reformjudentum gang und gäbe war und heute noch das amerikanische Reformjudentum größtenteils beherrscht. [7]

Auch Leo Baecks *Das Wesen des Judentums* las Dr. Italiener mit mir – und das zu einer Zeit, in der man in England nichts Bestimmtes über das Schicksal dieses Autors wußte. Trotz mancher Einladungen aus dem Ausland, die an Baeck noch vor dem Zweiten Weltkrieg ergingen, hatte sich dieser Berliner Rabbiner dafür entschieden, bei seiner Gemeinde im nationalsozialistischen Deutschland zu bleiben. Er wurde dann in das Konzentrationslager Theresienstadt verschleppt. Von Dr. Italiener lernte ich über Leo Baecks Bevorzugung des „Beides" vor dem „Entweder/Oder" – einige Jahre bevor ich das Glück hatte, Leo Baeck persönlich darüber zu hören.

Nachdem ich meinen B.A. Honours Grad von der Universität London – mit Psychologie als Hauptfach, Philosophie als Nebenfach – erhalten hatte, belegte ich weitere Kurse auf dieser Universität und studierte Hebräisch, Aramäisch, Syrisch und nordsemitische Epigraphik. Viel lernte ich dort von Siegfried Stein, der mich auch in das Studium der synagogalen Poesie des Mittelalters einführte, ein Gebiet, das mich bis zum heutigen Tag immer wieder beschäftigt, und auch von Nahum M. Sarna, der später ein berühmter Bibel-Professor und Bibel-Übersetzer in den Vereinigten Staaten wurde.

Aber mein wichtigster Lehrer während meiner Londoner Studienjahre war zweifellos Leo Baeck (1873–1956). Bald nach seiner Befreiung durch die Russen aus dem Konzentrationslager Theresienstadt kam Leo Baeck, die letzte große Persönlichkeit des deutschen Judentums, nach London; und mir wurde das Privileg zuteil, ihn nicht nur bei seinen allmontaglichen Vorträgen zu hören, die er vor einer eingeladenen Gruppe von deutschen Rabbinern und Repräsentanten der Wissenschaft des Judentums, die damals in London lebten, hielt, sondern ihn auch als Privatlehrer sozusagen „ganz für mich allein" zu haben. Es soll hier nicht versucht werden, Leo Baeck, den Menschen und den Denker, zu würdigen. Das ist bereits oft versucht worden, und besonders erfolgreich von meinem Freund und Studienkollegen, Albert H. Friedländer, in seinem Buch *Leo Baeck. Leben und Lehre*.[8] Hier möchte ich mich nur auf das beschränken, was ich von Leo Baeck während meiner Studienjahre in London gelernt habe.

Baeck führte mich in sein Spezialgebiet in der Wissenschaft des Judentums ein, in das Studium des *Midrasch*. Unter *Midrasch* versteht man die Schrifterklärungen und die Homilien der Rabbinen im talmudischen Zeitalter (etwa 3. bis 7. Jahrhundert). Bis auf die frühesten *Midrasch*-Sammlungen, die sich im allgemeinen auf die Auslegung der gesetzlichen Teile des Pentateuchs konzentrierten, wird unter *Midrasch* hauptsächlich die *nicht*-gesetzliche Literatur der Rabbinen verstanden.

Natürlich hatte ich schon vorher etwas über *Midrasch* gehört. Ich hatte sogar schon als Schuljunge in Berlin den Ruf, viele *Midraschim* zu kennen, die ich damals bei Veranstaltungen zur Sabbatfeier vortrug, wobei ich das Lob unseres Rabbiners Dr. Alexander Altmann erntete. Aber mein kindliches Verständnis des *Midrasch* war ein höchst oberflächliches. Ich sah in den *Midraschim* faszinierende und phantasievolle Erweiterungen der biblischen Erzählungen, die den Zweck zu haben schienen, uns das zu erzählen, was die Bibel selbst verschwiegen hatte. Manchmal hörte ich auch Rabbiner, die gut predigen konnten und die es verstanden, ihre Predigten über aktuelle Probleme mit *Midrasch*-Erzählungen zu durchsetzen. Für das Kind waren Predigten gewöhnlich ziemlich langweilig, aber die Erzählungen aus dem *Midrasch* konnten oft sein Einschlafen in der Synagoge verhindern. Der geschickte Gebrauch von *Midrasch*-Erzählungen in der modernen Predigt war auch Zweck und Ziel der *Midrasch*-Kurse, an denen ich später als Student am Hebrew Union College in Cincinnati teilnehmen mußte.

Baecks Zugang zum *Midrasch* war aber ein ganz anderer. Er sah im *Midrasch* die Art, in der die Rabbinen der Spätantike sich mit den theologischen Problemen auseinandersetzten, denen ihre Gemeinden gegenüberstanden. Im *Midrasch* ist daher die Antwort zu finden, die vom Judentum auf die Herausforderungen der damaligen Zeit gegeben worden sind. Hier ging es um den Hellenismus, um den Gnostizismus und um das sich entwickelnde Christentum. Daher verlangt ein richtiges Verständnis des *Midrasch* nicht nur hebräische und aramäische Sprachkenntnisse, weil die *Midraschim* in diesen Sprachen verfaßt worden sind, sondern auch eine Bekanntschaft mit den geistigen Strömungen und Gegenströmungen der Spätantike. Baeck, der ein tiefes Wissen von diesen Strömungen besaß, verstand es, mir eine lebendige Vorstellung von der Welt des *Midrasch* zu vermitteln, wodurch er auch mein eigenes Interesse am Hellenismus, am Gnostizismus und am Christentum erweckte.

Aber vielleicht noch wichtiger war für mich Baecks Zugang zum modernen jüdischen Leben. Er hatte seine rabbinische Ausbildung am konservativen Rabbinerseminar in Breslau begonnen, ging dann aber zum religiös-liberalen Seminar in Berlin, der Hochschule für die Wissenschaft des Judentums, über und erhielt dort seine rabbinische Ordination. In den Gemeinden, in denen er amtierte, Oppeln, Düsseldorf und Berlin, bestand nie ein Zweifel darüber, daß Leo Baeck ein *liberaler* Rabbiner war. Als solcher erwarb er sich einen Ruf weit über die Grenzen Deutschlands hinaus. Trotzdem blieb er in seinem persönlichen Lebensstil den traditionellen Vorschriften des jüdischen Religionsgesetzes treu. Obwohl er aktiv am Weltverband für das Liberale Judentum mitarbeitete und später auch dessen Präsident wurde, hatte er wenig Geduld mit „konfessionellen" Abgrenzungen innerhalb des Judentums. Oft sprach er mit mir über „das große Judentum", d. h. die Religion, die alle Juden der Welt vereinte, und über „die kleinen Judentümer", d. h. die Unterschiede zwischen den Juden, die ihren Ausdruck in Adjektiva wie „orthodox", „konservativ", „liberal" und „reformiert" fanden. Baeck betonte immer, daß im Judentum das Hauptwort wichtiger sei als die Adjektiva.

Wie ernst er das meinte, konnte ich im Jahre 1947 erfahren. Ich hatte damals gerade meinen B. A. Honours Grad von der Universität London erhalten und, wie hier bereits berichtet, hatte ich neben meinen Universitätsstudien auch meine jüdischen Studien mit verschiedenen Privatlehrern betrieben. Jetzt meinte Baeck aber, daß ich, um mich richtig zu etablieren, ein reguläres Rabbinatsdiplom von einem anerkannten Rabbinerseminar benötigte. Heutzutage gibt es in London ein Leo Baeck College, in welchem nicht-orthodoxe Rabbiner ausgebildet werden. Das Leo Baeck College existierte in meiner Londoner Zeit noch nicht. Und das Jews' College, das damals der Universität London angegliederte orthodoxe Rabbinerseminar, verwehrte denjenigen Studenten die Aufnahme, die sich nicht vorbehaltlos zur jüdischen Orthodoxie bekannten. Baeck meinte also, daß ich nach Amerika gehen sollte, um mir dort an einem anerkannten Rabbinerseminar nicht-orthodoxer Prägung das Rabbinatsdiplom zu verschaffen.

In Anbetracht der Studien, die ich bereits betrieben hatte, sollte das ja ziemlich schnell zu machen sein. In diesem Zusammenhang also sagte Leo Baeck, der führende liberale Rabbiner seines Zeitalters, zu mir: „Sie sollten entweder auf das (konservative) Jewish Theological Seminary of America in New York oder auf das (reformierte) Hebrew Union College in Cincinnati gehen. Kanzler Finkelstein vom Seminary und Präsident Glueck vom Hebrew Union College sind beide mit mir gut befreundet. Ich werde an beide schreiben, und Sie werden ganz gewiß in der einen oder der anderen Anstalt Aufnahme finden. Es spielt ja keine Rolle, in welcher."

Diese Worte: „Es spielt ja keine Rolle, in welcher" waren typisch für diesen edlen Vertreter des „großen Judentums", für den die „konfessionelle" Etikette innerhalb des Judentums höchstens eine zweitrangige Bedeutung besaßen.

Zufälligerweise (oder geschah das durch göttliche Vorsehung?) erhielt Dr. Baeck, kurz nach unserer soeben erwähnten Unterhaltung, einen Brief von Präsident Glueck, in welchem Glueck meinen Lehrer Leo Baeck einlud, als Gastprofessor an das Hebrew

Union College in Cincinnati zu kommen. Damit war natürlich die Entscheidung für mich getroffen. Im Oktober 1948 wurde Leo Baeck Mitglied des Lehrkörpers am Hebrew Union College, und ich wurde vom Hebrew Union College als Student aufgenommen.

Unter meinen anderen Lehrern am Hebrew Union College war es besonders einer, dem ich sehr nahestand und den ich bis zum heutigen Tag – neben Alexander Altmann und Leo Baeck – als meinen „Rabbi und Meister" betrachte: Samuel S. Cohon (1888–1959). Er lehrte jüdische Theologie und Liturgie. In beiden Fächern bin ich später am Hebrew Union College sein Nachfolger geworden. Was ich als die großen Leistungen Cohons auf dem Gebiet der Wissenschaft des Judentums und in der Gestaltung des amerikanischen Reformjudentums betrachte, habe ich an anderer Stelle dargelegt. [9] Hier möchte ich nur hinzufügen, daß Cohon fast der einzig wirkliche „Reformjude" im Lehrkörper des Hebrew Union College war. Gewiß gab es andere Professoren, die unzweideutig „jüdisch" waren und die sich sogar teilweise an das traditionelle Religionsgesetz hielten. Sie betonten aber ihr Reformjudentum nicht besonders. Andere wiederum waren enthusiastische und glühende Vertreter der „Reform", schienen mir aber mehr „reformiert" als „jüdisch" zu sein. Nur Cohon war gleichzeitig ein enthusiastischer Vertreter der „Reform" und auch ein Mann, der Ausdruck für seine aufgeklärte Frömmigkeit in den geheiligten Formen der uralten jüdischen Tradition suchte – natürlich den rationalen und ästhetischen Empfindungen des im 20. Jahrhundert lebenden Juden angepaßt.

Cohon neigte weit mehr als Baeck dazu, das „konfessionelle" Etikett und die organisatorische Treue zum Reformjudentum zu betonen. Dennoch war er wie Baeck um alle Juden und um das Judentum als Ganzes besorgt. Auch wußte er wie Baeck um das Paradoxe im jüdischen Unternehmen und wollte sich in die Tradition einreihen, die die Option für „Beides" dem „Entweder/Oder" vorzieht. So konnte er z. B. die Methoden der radikalsten Kritik beim Studium der heiligen Quellenschriften der Vergangenheit anwenden und gleichzeitig eine Theologie vertreten, die ihre Wurzeln im traditionellen jüdischen Schrifttum hatte und von einem Bewußtsein des „Numinosen" (à la Rudolf Otto) durchdrungen war. In seiner Opposition gegen einen säkularisierten Begriff des Judeseins, wie er etwa im Zionismus gepredigt wird, war Cohon unversöhnlich. Das hinderte ihn jedoch nicht daran, die hebräische Sprache heiß zu lieben und die moderne hebräische Literatur sehr zu schätzen. Er selbst veröffentlichte wissenschaftliche Artikel in hebräischer Sprache und gab ein Buch seines Lehrers David Neumark (1866–1924) in dieser Sprache heraus. [10]

Zwar hatte ich noch andere Lehrer, aber die hier erwähnten Kapazitäten waren sozusagen die Meister meiner Lehrjahre. Sie alle halfen mir, meine eigene jüdische Position, „mein Judesein" auszuarbeiten. Keine zwei meiner Lehrer waren identisch. Was sie alle gemeinsam hatten, waren ein tiefes jüdisches Wissen und ein Streben, das uralte Erbe des Judentums den im 20. Jahrhundert lebenden jüdischen Menschen zugänglich zu machen. Kein einziger von ihnen würde *all* den jüdischen Positionen, die ich mir erarbeitet habe, seine Zustimmung geben. Aber ohne die Anleitung meiner Lehrer wäre ich nie in der Lage gewesen, mir diese Positionen zu erarbeiten.

Die verschiedenen Einflüsse, die mich geprägt haben, und die mehrfarbig schillernden Erscheinungsformen des Judentums, die ich im Laufe meines Lebens kennengelernt habe, machen es mir praktisch unmöglich, mich mit vollem Enthusiasmus irgendeinem der „kleinen Judentümer" (in Leo Baecks Formulierung) unkritisch zu verschreiben. Das Bewußtsein, daß es bei jedem Problem immer mindestens zwei Betrachtungsweisen gibt („Es ist ein Zwiefaches", in Leo Baecks Formulierung), lassen mich davor zurückschrecken, wenn, im Namen *des* Judentums, eine einseitige Stellungnahme in religiösen oder politischen Fragen von mir verlangt wird.

Die Person, die mich am besten kennt, schrieb einmal – scherzhaft und ohne Namennennung – die folgende Charakterisierung von mir:

... und so kamen Juden aus den verschiedensten Kreisen, ihn um Rat und seine Ansicht zu fragen.

Bemühte sich eine fortschrittliche Gruppe um sein Imprimatur für einen neuartigen Sabbatgottesdienst, so zog er gedankenvoll an seiner Pfeife: „Sagen Sie mal, was hätten Sie eigentlich an dem existierenden Sabbatgottesdienst auszusetzen?"

Kam ein Konservativer, der ihn bat, seinen Namen unter ein Dokument zu setzen, das für die Beibehaltung des zweiten Jokum Purkon plädierte – also aramäische Gebete, die sich mit Gemeindeanliegen befassen, ursprünglich wohl nie Pflichtgebete waren und oft ausgelassen werden –, so klopfte er den kalten Tabak aus seiner Pfeife: „Meinem Kalender nach leben wir jetzt im 20. Jahrhundert. Nach welchem Kalender Sie sich richten, kann ich ja nicht wissen ..."[11]

IV

Die religiöse Vielfalt
des Judentums

Die religiöse Welt des Judentums, in die ich im Jahre 1952 als Rabbiner und im Jahre 1956 als wissenschaftlicher Theologe eintrat, war und ist kein monolithischer Block. Selbst innerhalb der jüdischen Orthodoxie bestehen, wie wir gesehen haben, große Meinungsunterschiede.

Bemerkenswert ist die Tatsache, daß es selbst im Zentrum der jüdischen Religion, auf dem Gebiet der zeremoniellen und rituellen Praxis, erhebliche Unterschiede gibt: zwischen orthodoxen Juden deutsch-polnischer Herkunft und orthodoxen Juden spanisch-portugiesischer Herkunft, zwischen deutschen orthodoxen Juden und osteuropäischen orthodoxen Juden; und selbst innerhalb des Ostjudentums: zwischen chassidisch beeinflußten orthodoxen Juden und orthodox-jüdischen Gegnern des Chassidismus.

Selbst das westeuropäische orthodoxe Judentum ist kein ganz einheitliches Gebilde. Ein Beispiel dafür: Im neunzehnten Jahrhundert, als das Liberale Judentum in Deutschland und in Amerika die Orgel in die Synagoge einführte, galt die Orgel den Orthodoxen als Stein des Anstoßes. Ja, Jahrzehnte hindurch war *der* Unterschied *par excellence* zwischen liberalen und orthodoxen Synagogen die Tatsache, daß liberale Synagogen eine Orgel hatten, orthodoxe Synagogen keine. So war es in Deutschland und in Amerika.

Anders war es in Frankreich und in Italien. Dort gab es im neunzehnten Jahrhundert *keinen* „Orgelstreit", denn dort hielt die Orgel ihren Einzug auch in völlig orthodoxe Synagogen. Die Pariser Synagoge, die als Sitz des orthodoxen Grand Rabbin de France gilt, ist die Synagoge in der Rue de la Victoire. In dieser Synagoge wurde der Sabbatgottesdienst bis vor etwa zwanzig Jahren von Orgelmusik begleitet, und die *Abschaffung* der Orgelbegleitung vor einigen Jahren war so schwierig, wie es in anderen Ländern im neunzehnten Jahrhundert die *Einführung* der Orgelbegleitung gewesen war. Diese Abschaffung gelang dem orthodoxen Grand Rabbin jahrelang nicht. Die Orgel scheint den damaligen Oberrabbiner Jacob Kaplan auch zunächst gar nicht gestört zu haben. Sie störte nur seine Kollegen in anderen Ländern, mit denen Oberrabbiner Kaplan bei orthodoxen Rabbinerkonferenzen zusammentraf und mit denen er, als ein Vizepräsident der Welt-Misrachi-Vereinigung, gemeinsame Sache machen wollte. So sah sich der Grand Rabbin schließlich gezwungen, die Abschaffung der Orgelbegleitung in dieser Synagoge durchzusetzen. Daß die nordafrikanischen Nachfolger des Rabbiners Kaplan im Oberrabinat Frankreichs ein seelisches Verlangen nach Wiedereinführung der Orgelbegleitung empfinden, ist nicht zu vermuten.

Wir wollen aber zunächst einmal vom neunzehnten und zwanzigsten Jahrhundert auf das erste Jahrhundert zurückgreifen, um den Pluralismus des Judentums historisch zu verfolgen.

Wenn ein Rabbi Jochanan im palästinensischen Talmud behauptet, daß Israel erst dann der Verbannung preisgegeben wurde, als es sich in vierundzwanzig verschiedene Sekten spaltete,[1] so mag die hier genannte Anzahl der Sekten übertrieben sein. Jedenfalls ist sie in einer etwas gekünstelten Hermeneutik aus Ezechiel 2,3 abgeleitet. Dennoch bleibt die Tatsache bestehen, daß Rabbi Jochanan im dritten Jahrhundert noch Kunde hatte von der großen Vielfältigkeit des jüdischen Lebens zur Zeit der Tempelzerstörung im Jahre 70. Wie groß diese Vielfältigkeit war, wissen wir heute – nach den Funden am Toten Meer – wahrscheinlich besser als die Wissenschaftler noch vor fünfzig Jahren, deren Wissen sich allein auf Philo von Alexandrien, Josephus Flavius und das Neue Testament beschränkte. Aber auch wir wissen – trotz Qumran – noch nicht alles.

Wir wissen nur, daß es damals noch kein „normatives" Judentum gab, daß sich ein derartiges „normatives" Judentum damals erst in der pharisäisch-rabbinischen Linie *entwickelte. Vor* der Tempelzerstörung war es noch gar nicht ausgemacht, daß gerade das pharisäisch-rabbinische Judentum innerhalb der folgenden

Jahrhunderte und Jahrtausende die Hauptrichtung der jüdischen Entwicklung darstellen würde. *Mit* der Tempel- und Staatszerstörung aber fielen dann auch die Konkurrenten beiseite. Der Sadduzäismus, auf Tempelkult und Priestertum eingestellt, verlor seine Bedeutung. Die Essäer in Qumran und anderswo hatten keinen Fortbestand. Die von Josephus „apokalyptische Pharisäer" benannten Nationalisten werden das Scheitern des Bar-Kokhba-Aufstandes im zweiten Jahrhundert wohl kaum überlebt haben. Und, da die Tempel- und Staatszerstörung selbst auf die Kristallisierung des Christentums als *Heidenchristentum* einen nicht zu unterschätzenden Einfluß hatte, war auch das Judenchristentum seinem Ende nahe – obwohl einige Judenchristen noch im dritten Jahrhundert an dem bereits vom Rabbinismus geprägten jüdischen Leben Anteil nahmen. [2] Das hellenistische Judentum ging schließlich im Christentum auf. Philo Judaeus von Alexandrien wurde erst wieder im sechzehnten Jahrhundert für die jüdische Bildung neu „entdeckt". Die christliche Kirche hatte glücklicherweise seine Schriften bewahrt.

Allein das Judentum pharisäisch-rabbinischer Prägung vermochte es, der politischen Katastrophe standzuhalten. Es gelang ihm, eine Form der jüdischen Religion zu schaffen, die, trotz einer gewissen Tempelromantik, ein volles jüdisches Leben in der Diaspora ermöglichte, indem sie das Judentum von einer Gebundenheit an den Boden Palästinas, an den Tempelkult und selbst an eine kirchliche Zentralautorität befreite.

Die Schriften der hebräischen Bibel wurden als Gotteswort anerkannt – der Pentateuch im strengeren Sinne als die Propheten und die Propheten im strengeren Sinne als die Hagiographen. Dennoch galt die ganze hebräische Bibel als „geoffenbart". Sie war aber, nach pharisäisch-rabbinischer Lehre, nicht der einzige Bestandteil der Offenbarung. Neben der sogenannten „schriftlichen Torah" soll Gott dem Mose nämlich auch eine „mündliche Torah" geoffenbart haben; und diese „mündliche Torah", und sie allein, kann Sinn und Bedeutung der „schriftlichen Torah" erschließen. Wenn es z. B. in Exodus 21, 24 und in Levitikus 24, 20 „Auge für Auge" heißt, dann gibt uns die „mündliche Torah" zu verstehen, daß es sich hier *nicht* um eine buchstäbliche

Anwendung der *lex talionis* handelt, sondern um eine geldliche Wiedergutmachung.[3] Und wenn, in Deuteronomium 24, 1–4, die Ehescheidung ganz kurz, fast nur nebensächlich, erwähnt wird, dann gibt die „mündliche Torah" im Traktat *Gittin* in der Mischnah und in der Gemara darüber Auskunft, was denn eigentlich die zulässigen Scheidungsgründe sind, wie der eigentliche Scheidungsakt beschaffen ist, wie die Scheidungsurkunde auszusehen hat, usw., usf.

Wir sprachen hier vom „Traktat" (!) *Gittin*. Es mag wie eine *contradictio in adjecto* anmuten, daß etwas von der *„mündlichen Torah"* in einem *geschriebenen* (und – später – gedruckten) Traktat zu finden ist. Aber Teile der „mündlichen Torah" sollen schließlich doch ihren schriftlichen Niederschlag in der rabbinischen Literatur gefunden haben. Das Wann und das Warum der schriftlichen Fixierung der „mündlichen Torah" wird von Wissenschaftlern noch kontrovers diskutiert; und die rabbinischen Quellen selbst sind in dieser Beziehung nicht ganz eindeutig. Jedenfalls ist hier festzuhalten, daß, nach rabbinischer Auffassung, die „mündliche Torah", von Mose über Josua, über die Ältesten, über die Propheten, über die Männer der Synagoga Magna tradiert und dann den ältesten Rabbinergenerationen weitergegeben, daß diese (bis dahin nur *mündlich* überlieferte Torah) endlich in der geschriebenen rabbinischen Literatur ihren Niederschlag fand, mindestens teilweise.

Da nun von der „mündlichen Torah" behauptet wird, daß sie ebenfalls auf die sinaitische Offenbarung zurückgeht, da man sich aber zur gleichen Zeit völlig bewußt ist, daß sie von *Menschen* tradiert worden ist, ja daß diese auch manchmal ihre menschlichen Zutaten beimischten, gibt es selbst innerhalb der rabbinischen Tradition – von modernen wissenschaftlichen Anschauungen gar nicht erst zu reden! – verschiedene Meinungen über die göttlichen und die menschlichen Bestandteile dieser „mündlichen Torah" sowie über die Entstehungszeiten ihrer verschiedenen Elemente.

Diese „mündliche Torah" ist nun die Hauptgrundlage des rabbinischen Judentums, d. h. jener Form der jüdischen Religion, die etwa bis zum Ende des achtzehnten Jahrhunderts für die Mehrheit der Juden maßgebend war und die von der heutigen jüdischen Orthodoxie weiterhin als verpflichtend anerkannt wird. Dabei mußte sich natürlich die Orthodoxie, um Orthodoxie sein zu können, auf ganz bestimmte Interpretationen festlegen und konnte nicht mehr die ganze Vielfalt dieser Tradition widerspiegeln. Da durch viele Jahrhunderte hindurch den Juden sowohl vom christlichen wie auch vom islamischen Staat ihre eigene Gerichtsbarkeit gewährt wurde und auf diese Weise die biblisch-rabbinische Basis des jüdischen Rechts im täglichen Leben weiter bestehenblieb, könnte man annehmen, daß es sich hier um eine in Glaubens- und Praxisfragen absolut verpflichtende, monolithische Struktur handelt.

Dem ist aber *nicht* so! In Glaubensfragen werden zwar bestimmte Lehren vorausgesetzt, aber von einer dogmatischen Festlegung kann – bis auf ganz wenige Ausnahmen – nicht die Rede sein. Zu den wenigen Ausnahmen gehört der Glaube, daß Gott die Torah offenbart hat – wobei das „Wie" der Offenbarung der Vorstellungskraft des Einzelnen vorbehalten bleibt. Auch die Lehre von der Auferstehung der Toten wurde dogmatisch festgelegt – ohne aber das „Wann" und das „Wie" oder gar das „Wer" der Auferstehung zum Dogma zu erheben. Und die verschiedensten Vorstellungen von der messianischen Erlösung werden nebeneinander angeführt, ohne daß je eine exklusive dogmatische Entscheidung gefällt wird.[4]

Etwas anders ging es schon bei der Frage des Gesetzes zu, denn das tägliche Leben verlangt Entscheidungen. Hier nun verließ man sich auf die Stimme der Mehrheit oder auf autoritative Erlasse. Aber gerade *das* beweist ja, daß es selbst hier große Meinungsunterschiede gab. In der Tat ist der Talmud, das Hauptwerk des rabbinischen Judentums, alles andere als ein Gesetzeskodex. Er ist eher ein Protokoll von Diskussionen, die sich durch die Jahrhunderte in den Akademien Palästinas und Babyloniens fortgesetzt haben. Ohne die großen Meinungsunterschiede, die das rabbinische Judentum charakterisieren, wäre der Talmud nie entstanden.

Drei Zitate – zwei aus dem Talmud selbst und eines aus dem Kommentar eines spanischen Rabbis des vierzehnten Jahrhunderts – sollen uns diese Charakteristik des rabbinischen Judentums vor Augen führen:

1. *Ist nicht Mein Wort wie Feuer – Spruch des Herrn – und wie ein Hammer, der den Felsen zerschmettert* (Jer 23,29). In der Schule des Rabbi Ismael legte man diesen Schriftvers folgendermaßen aus:
Was geschieht, wenn der Hammer auf den Felsen aufprallt? Funken sprühen!
Ein jeder Funke ist das Ergebnis des Hammerschlages auf den Felsen, aber kein Funke ist das einzige Ergebnis. So kann auch ein einziger Schriftvers viele verschiedene Lehren vermitteln.[5]

2. Drei Jahre lang dauerte eine Debatte zwischen den Schulen von Schammai und Hillel. Diese bestanden darauf, daß das Gesetz nach ihrer Meinung festzulegen sei; und jene bestanden darauf, daß das Gesetz nach ihrer Meinung festzulegen sei.
Schließlich ertönte eine himmlische Stimme: „Die Meinungen dieser wie jener sind die Worte des lebendigen Gottes! Jedoch soll das Gesetz nach den Bestimmungen der Schule Hillels festgelegt werden!"[6]

3. In seinem Kommentar zu der zuletzt zitierten Stelle schreibt nun der im vierzehnten Jahrhundert wirkende Rabbi Jom Tobh ben Abraham Ischbilli aus Sevilla, „Ritba" genannt, folgendes:
Die Rabbinen Frankreichs seligen Angedenkens haben die Frage aufgeworfen: Wie ist es möglich, daß die Meinungen dieser wie jener die Worte des lebendigen Gottes sein können, da doch diese verbieten, was jene erlauben?
Auf diese Frage antworteten sie: Als Mose auf die Höhe stieg, um die Torah in Empfang zu nehmen, wurden ihm im Zusammenhang mit einer jeden Sache neunundvierzig Gründe gezeigt, warum es erlaubt sein sollte, und neunundvierzig Gründe, warum es verboten sein sollte. Als Mose den Heiligen, gelobt sei Er, nun um endgültige Entscheidungen bat, wurde ihm gesagt, daß derartige Entscheidungen den Weisen Israels in jeder einzelnen Generation vorbehalten sind und daß die Entscheidungen, die sie dann treffen, die gültigen Entscheidungen sind.[7]

Daraus sollte ersichtlich sein, daß, wenn vom Pluralismus im Judentum die Rede ist, dieser nicht erst ein Ergebnis der Neuzeit ist, sondern daß religiöse Vielfalt schon von Anfang das rabbinische Judentum geprägt hat. Dennoch besteht ein gewaltiger Unterschied zwischen dem Pluralismus des rabbinischen Judentums und dem religiösen Pluralismus, wie wir ihn aus der jüdischen Gegenwart kennen.

Bei allen Unterschieden in Glaubensfragen und bei allen Divergenzen in der religiösen Praxis, baute man in der Vergangenheit doch auf allgemein anerkannten und unangezweifelten Voraussetzungen. Zu diesen Voraussetzungen gehörten folgende:

1. Das Bewußtsein, Nachkommen des biblischen Israels zu sein, eines Volkes, das zwar jetzt „im Exil" lebt, das aber eines Tages wieder von einem von Gott gesandten Messias in das Land der Väter zurückgeführt werden wird.

2. Der Glaube, daß, was auch immer an der rabbinischen Tradition rein menschlich sein mag, das biblische Gesetz nebst seiner „mündlichen" Auslegung auf einer göttlichen Offenbarung basiert – daß also Israels Bundestreue zunächst einmal rein gesetzlich zu konstruieren ist.

3. Die Auffassung, daß es zwar Teile des göttlichen Gesetzes gibt, die außerhalb Palästinas keine Anwendung finden, daß aber in der messianischen Zeit die auf das Land Israel und auf den Tempelkult bezogenen Vorschriften wieder ihre Anwendung finden werden. Sie sind also nur „aufgeschoben", *nicht* „aufgehoben".

4. Die Überzeugung, daß die Anpassung der Gesetzesvorschriften an die sich ständig ändernden Zustände von Zeit und Raum nur innerhalb des Rahmens der bisher überlieferten Hermeneutik möglich ist, daß also *radikale* Neuerungen eine praktische Unmöglichkeit sind.

Die hier erwähnten Voraussetzungen schließen große Meinungsunterschiede *nicht* aus. Im Mittelalter gab es große Kämpfe zwischen den Gegnern des Maimonides und seinen Anhängern. Im achtzehnten und neunzehnten Jahrhundert kämpfte man erbittert für und gegen den Chassidismus. Und in der religiösen Praxis gab es erhebliche Divergenzen, wie etwa zwischen den

Rabbinen Judäas und den Rabbinen Galiläas; den Rabbinen Palästinas und den Rabbinen Babyloniens; den Entscheidungen des spanisch-portugiesischen Rabbis Josef Karo in seinem im sechzehnten Jahrhundert entstandenen Gesetzeskodex („Der gedeckte Tisch" benannt) und den Entscheidungen des im gleichen Jahrhundert von dem polnischen Rabbi Moses Isserles in dem von ihm zum „gedeckten Tisch" verfaßten Kommentar („Tischtuch" benannt). Das aber waren alles Kämpfe und Unterschiede *innerhalb* des Rahmens der erwähnten Voraussetzungen.

Erst Ende des achtzehnten Jahrhunderts und Anfang des neunzehnten Jahrhunderts wurde dieser Rahmen selbst angegriffen. Politische und ideologische Beweggründe waren hier im Spiele. *Politische:* denn mit der bürgerlichen Gleichberechtigung der Juden in den Ländern des Westens kam auch die eigene Gerichtsbarkeit der Juden zu ihrem Ende – und damit die Autonomie der Rabbinen. Hatte der emanzipierte Jude mit einem Glaubensgenossen einen Streit, so wandte er sich nicht mehr, wie zuvor, an das rabbinische Gericht, sondern an einen bürgerlichen Gerichtshof. Der „Gedeckte Tisch" des Rabbi Josef Karo besteht aus vier Teilen. Ein Teil behandelt hauptsächlich liturgische Angelegenheiten, ein zweiter das Ritualgesetz, ein dritter das Ehe- und Scheidungsgesetz und ein vierter das Zivilrecht. Dieser – übrigens verhältnismäßig gar nicht so geringe – vierte Teil wurde nun allmählich und ganz stillschweigend übergangen, sogar von Juden, die sich selbst als „orthodox" zu bezeichnen anfingen. Auch das jüdische Ehe- und Scheidungsgesetz konnte nur dann zur Anwendung gelangen, wenn es sich mit dem staatlichen Gesetz in Einklang fand. Aus palästinensischen Exilanten wurden jetzt französische, deutsche, englische und amerikanische Staatsbürger jüdischen Glaubens, die mit großem Enthusiasmus an der allgemeinen westlichen Bildung und Kultur Anteil nahmen.

Das mußte sich natürlich auch *ideologisch* bemerkbar machen. Die Frage wurde aufgeworfen: Hat Gott sich nur in den Dokumenten der fernen Vergangenheit offenbart, oder offenbart er sich ebenfalls in der geschichtlichen Gegenwart?

Eine weitere Frage: Ist die nationale Zukunftserwartung, also die Rückkehr nach Palästina, tatsächlich die größte Hoffnung, der sich ein Jude hingeben kann? Oder könnte man vielleicht behaupten, daß die Juden die nationale Phase ihrer Entwicklungsgeschichte nun hinter sich gelassen haben, daß also keine Notwendigkeit besteht, sich eine Zukunft außerhalb der Länder zu erträumen, in denen Juden jetzt als gleichberechtigte Bürger leben können?

Eine dritte Frage: Ist der Bund Gottes mit Israel tatsächlich nur rein gesetzlich zu verstehen? Und selbst wenn diese Frage bejaht werden sollte, was hieß hier: „gesetzlich"? Muß „Gesetz" unbedingt das über die Jahrtausende angewachsene Zeremonialgesetz bedeuten, oder kann man unter „Gesetz" nicht einfach nur das Moralgesetz verstehen, so daß man sich mit denjenigen Zeremonialgesetzen begnügt, die den modernen Menschen tatsächlich in eine andächtig religiöse Stimmung versetzen und ihn zur ethischen Tat anleiten?

Eine vierte Frage: Ist die Gestaltung des jüdischen Gottesdienstes allein von den Normen und Rubriken der rabbinischen Tradition bestimmt? Oder dürfen die ästhetischen Ansprüche des modernen Menschen hier mitreden?

Diese vier Fragen, die allerdings die moderne Fragestellung *nicht* erschöpfen, sollen genügen, um uns zu zeigen, mit welcher Wucht die Neuzeit an dem Rahmen der antiken und mittelalterlichen Voraussetzungen rüttelte. Die Fragen wurden von den Juden des Westens verschieden beantwortet; und die kontroversen Antworten führten zur Kristallisation der verschiedenen Theologien und Ideologien des heutigen Judentums in Westeuropa und in Amerika.

An einem Extrem steht das radikale Reformjudentum, wie es im neunzehnten Jahrhundert in Deutschland etwa von dem Rabbiner Samuel Holdheim (1806–1860) vertreten wurde und wie es in Amerika bis in die dreißiger Jahre des zwanzigsten Jahrhunderts erhalten blieb – ohne bis jetzt schon *total* zum Schweigen gebracht worden zu sein. Es sieht in der Torah einen zweifachen Inhalt: die ewig gültigen religiösen Lehren und die ewig gültigen religiösen, d. h. moralischen Gebote. Was nun aber die Verfassung der alten israelitischen Theokratie in Palästina mit ihren Bestimmungen über Nationalheiligtum, Priesterschaft und rituelle Reinheit angeht, so vertritt dieses Reformjudentum folgenden Standpunkt: Als Gott im Jahre 70 die Zerstörung von Tempel und theokratischem Staat zuließ, gab er Israel damit zu verstehen, daß die nationale Phase der jüdischen Existenz ihr Ende gefunden hat – und somit natürlich auch die theokratische Gesetzgebung, die mit dieser nationalen Phase verbunden war. Von nun an, d. h. vom Jahre 70 an, sollten nur noch die moralischen Gesetze von Gültigkeit sein. Das aber hatten die alten Rabbinen nicht einsehen wollen. Sie verhielten sich vielmehr so, als sei die alte theokratische Verfassung noch in Kraft; d. h., sie erklärten die Erfüllung so mancher Gebote als „aufgeschoben", aber nicht, wie Gott es eigentlich haben wollte, als „aufgehoben". Auch hatten sie nicht erkannt, wieweit das ganze Zeremonialgesetz nur in Verbindung mit Nationalstaat und Nationalheiligtum seine Bedeutung hat. Diese Einsicht ist nun erst in der Neuzeit gereift, in der sie sich, durch die bürgerliche Gleichberechtigung der Juden begünstigt, auch praktisch durchführen läßt.

Das amerikanische Reformjudentum hatte sich offiziell im Jahre 1885, in seiner sog. „Pittsburgh Platform", ganz auf den Boden dieser Holdheimschen Formulierungen gestellt. Es ist aber inzwischen wieder weit davon abgekommen. Seit den dreißiger Jahren dieses Jahrhunderts wird die Rolle des Zeremonialwesens im reformierten Judentum weit positiver beurteilt und der Wiederaufbau Palästinas als jüdische Heimstätte bejaht; selbst der zionistische Begriff einer jüdischen „Nation" hat im amerikanischen Reformjudentum weithin Aufnahme gefunden. Dennoch fand in den Reihen des amerikanischen Reformjudentums zur gleichen Zeit eine Abschwächung der theistischen Überzeugungen statt. Es gab auch erhebliche Abweichungen von den allgemeinjüdisch anerkannten Definitionen des Judeseins. Und selbst bei höherer Einschätzung des Zeremonialwesens wird die absolute *Verbindlichkeit* der traditionellen Zeremonien immer noch aus Gründen verneint, die denen Holdheims und seiner amerikanischen Anhänger entsprechen.

Am anderen Extrem der Positionen des Judentums steht die jüdische Orthodoxie, die wohl am besten als Gegen-Reformation zu verstehen ist, da sie selbstbewußt erst in Opposition zu der jüdischen Reform auf die Bühne trat. So wie sie etwa von dem Frankfurter Rabbiner Samson Raphael Hirsch (1808–1888) formuliert wurde, gilt ihr die gesamte rabbinische Tradition als göttlich, bis hin zum allerkleinsten Lokalbrauch *(minhag)*. Und diese göttlich geoffenbarte Tradition ist so beständig und unveränderlich wie die andere göttliche Schöpfung, nämlich die Natur. Nach orthodoxer Auffassung geht es auch nicht an, die Traditionsliteratur mit den Methoden der modernen Wissenschaft zu studieren, weil diese Methoden ihre Anwendung nur auf *menschliche* Dokumente haben, nicht aber auf göttliche.

Zugleich aber soll der moderne Jude die bürgerliche Gleichberechtigung begrüßen und an der allgemeinen Kultur des Westens Anteil nehmen. Nur darf keine Rede davon sein, daß das Judentum den Bedürfnissen der Zeit anzupassen sei. Es ist die Zeit, die dem Judentum angepaßt werden muß. Das Judentum war nämlich *nie* „zeitgemäß". Interessant dabei ist, daß Hirsch selbst, als er noch Rabbiner in Nikolsburg, Mähren, war, von den dortigen Altfrommen als „Reformator" angegriffen wurde, wie wir oben bereits geschildert haben.[8]

Aber was damals in Mähren noch als „Reform" galt, war in Frankfurt schon „stockorthodox". Diese Tatsache sollte uns klarmachen, daß „Reform" und „Orthodoxie" oft relative Begriffe sind, die sich nicht immer verabsolutieren lassen. Immerhin hat Hirsch, der das Motto „Torah verbunden mit weltlicher Kultur" aufstellte, in seinem Leben und in seinem Wirken gezeigt, daß man, um ein guter Europäer zu sein, nicht ganze Teile der väterlichen Tradition auf dem Altar des Zeitgeistes zu opfern braucht, wie es die Vertreter des Reformjudentums damals verlangten.

Zwischen den beiden Extremen des radikalen Reformjudentums und der Orthodoxie entstanden andere Positionen. So gab es ein Liberales Judentum, etwa von Rabbiner Abraham Geiger (1810–1874) ausgearbeitet und im zwanzigsten Jahrhundert charakteristisch für viele jüdische Gemeinden in Deutschland vor dem Zweiten Weltkrieg. Es war die Form des Judentums, deren letzter großer Repräsentant der in diesem Buch oft erwähnte Leo Baeck (1873–1956) war. Gegen Holdheims radikalen Bruch mit der jüdischen Vergangenheit betont das Liberale Judentum die *organische* Entwicklung des Judentums. Weit entfernt von Holdheims Verwerfung des Rabbinismus, sieht das Liberale Judentum etwas sehr Positives in der rabbinischen Tradition, etwas, das auch dem Liberalen Judentum die Berechtigung gibt, das mittelalterliche Judentum so organisch zu reformieren, wie seinerzeit die Rabbinen des Talmuds die biblische Religion für ihr Zeitalter erneuert haben.

Selbstverständlich für das Liberale Judentum ist: Wissenschaftliche Methoden werden beim Studium nicht nur der rabbinischen Quellen, sondern auch der biblischen Schriften angewandt; den moralischen Verpflichtungen wird ein größerer Wert beigemessen als den rituellen Observanzen, denn diese Observanzen sind ja nur das äußere Gewand, das sich der Ethische Monotheismus anlegt, ein Gewand, das der Zeit und dem Ort entsprechend wandelbar ist. Selbstverständlich ist schließlich auch der Glaube an die *fortschreitende* Offenbarung Gottes. Die Offenbarung Gottes war *nicht* einmalig, *nicht* auf die Offenbarung am Berge Sinai beschränkt. So haben denn die Zeugnisse der Vergangenheit gewiß bei unseren Entscheidungen mitzureden; ein absolutes Veto haben sie aber nicht.

Diese Art des Liberalen Judentums kann mit größerer oder geringerer Observanz auftreten. Juden, die im allgemeinen mehr an traditionellen Formen und Observanzen hängen, ohne sich jedoch auf den Standpunkt der Orthodoxie zu stellen, sind gewöhnlich Anhänger des sogenannten Konservativen Judentums, wie es im Deutschland des neunzehnten Jahrhunderts mit dem Namen von Zacharias Frankel (1801–1875) und im Amerika des zwanzigsten Jahrhunderts mit dem Namen von Solomon Schechter (1847–1915) verbunden war. Vom orthodoxen Standpunkt aus gesehen, ist das Konservative Judentum ebenso „ketzerisch" wie das Liberale Judentum. Denn auch das Konservative Judentum verlangt die Anwendung wissenschaftlicher Methoden beim Studium der religiösen Quellen. Auch das Konservative Judentum huldigt dem Fortschrittsgedanken und findet die Anpassung traditioneller Vorschriften an die Bedürfnisse der Zeit völlig berechtigt. Es ist aber dabei weit vorsichtiger als das Liberale Judentum. Vergleicht man das Liberale Judentum mit dem Konservativen Judentum, dann kann man vielleicht sagen, daß das Liberale Judentum gute Gründe für die *Beibehaltung* einer traditionellen Form verlangt, während das Konservative Judentum gute Gründe für die *Abschaffung* einer traditionellen Form verlangt. Aber in Glaubensfragen und in der religiösen Praxis bestehen oft sehr geringe Unterschiede zwischen Mitgliedern von religiös-liberalen und Mitgliedern von konservativen Gemeinden.

Wie bereits im dritten Kapitel dieses Buches berichtet, gehörte die Mehrzahl meiner Lehrer, bei denen ich zwischen meinem Abgang von der orthodoxen Talmudschule bis zu meiner Aufnahme als Student am Hebrew Union College lernte, dieser mittleren Richtung im Judentum an. Arthur Loewenstamm, Bruno Italiener und Benno Jacob waren alle religiös-liberale Rabbiner in Deutschland gewesen, die ihre rabbinische Ausbildung an dem konservativen Jüdisch-Theologischen Seminar in Breslau erhielten. Selbst Leo Baeck, der seine rabbinische Ordination an der religiös-liberalen Hochschule für die Wissenschaft des Judentums in Berlin erhalten hatte und der führende liberale Rabbiner seines Zeitalters wurde, hatte sein rabbinisches Studium am konservativen Seminar in Breslau begonnen und blieb in seiner religiösen Praxis sein Leben lang konservativ. (Professor Markon gehörte der orthodoxen Richtung an.)

Es mag sein, daß diese meine Lehrer mich stärker beeinflußten, als ich mir zu meiner Studienzeit bewußt war. Vor allem war es natürlich Leo Baeck, dem ich meine „überkonfessionelle" jüdische Haltung hauptsächlich verdanke. Aber es war auch der Einfluß der anderen Lehrer, dem ich meine geistige Nähe zum amerikanischen Konservativen Judentum verdanke, selbst wenn ich am Hebrew Union College als reformierter Rabbiner ordiniert worden bin. Im allgemeinen könnte man behaupten, daß das ehemalige Liberale Judentum Deutschlands weit mehr mit dem Konservativen Judentum als mit dem Reformjudentum Amerikas gemeinsam hat. Letzteres mag sich zwar eines Leo Baeck rühmen, der zeitweilig am Hebrew Union College Gastprofessor war, aber ein Einfluß Leo Baecks auf die Fortentwicklung des amerikanischen Reformjudentums, in all seinem religiösen Radikalismus und all seiner Verwerfung derjenigen Elemente im jüdischen Religionsgesetz, die trotz Meinungsunterschieden dennoch die Einheit der jüdischen Glaubensgemeinschaft bewahrten, kann wohl kaum konstatiert werden.

Nach Erlangung meines Doktorats im Jahre 1955 und bevor ich als Dozent an das Hebrew Union College zurückberufen wurde, war ich ein Jahr lang Rabbiner einer Gemeinde im Bundesstaat Pennsylvania, die sich bis zu meiner Ankunft als orthodoxe Gemeinde betrachtete. Allmählich rang man sich zu der Einsicht durch, daß eine orthodoxe Synagoge mit einem reformierten Rabbiner (eine Situation, die wahrscheinlich nur in Amerika denkbar ist) doch wohl als „konservativ" zu bezeichnen sei. In der Tat schloß sich dann diese Gemeinde nach meiner Rückkehr nach Cincinnati dem konservativen Gemeindeverband an. Während meiner Amtszeit bei dieser Gemeinde hielten mich die weniger observanten Mitglieder für zu orthodox und die mehr traditionsbewußten Mitglieder für zu reformiert. Mir gefiel diese Einstufung, denn sie drückt ziemlich genau meine eigene Position innerhalb der religiösen Vielfalt des amerikanischen Judentums aus.

Eine Sonderentwicklung des Konservativen Judentums in Amerika ist der sogenannte Reconstructionism, in den dreißiger Jahren dieses Jahrhunderts von Rabbiner Mordecai M. Kaplan (1881–1983) gegründet. Reconstructionism steht in der Praxis ungefähr auf dem Boden des Konservativen Judentums, obwohl es die *Begründung* der Praxis nicht mehr in einem göttlichen Gebot, sondern in der „Kultur des jüdischen Volkes" sieht. Denn in der Theorie ist Reconstructionism sogar noch radikaler als das radikale Reformjudentum. Es leugnet nämlich die Existenz eines persönlichen Gottes, der über und außerhalb der Natur steht. Es leugnet auch den Glauben an die Erwählung des Volkes Israel, weil dieser Erwählungsglaube sich angeblich nicht mit der Theorie der Demokratie verträgt. Wichtig für Reconstructionism ist die Rolle, die das Land Israel im jüdischen Schema der Dinge spielen soll. Der Zionismus ist ein integraler Bestandteil seiner Ideologie.

Die Erwähnung des Zionismus führt uns nun zur Betrachtung einer neueren Problematik des Judentums. Was wir nämlich bis jetzt kurz besprochen haben, sind die verschiedenen Formen, die sich das Judentum des *Westens* schuf, um in der modernen Welt fortbestehen zu können. Es waren alles Formen, die in der bürgerlichen Gleichberechtigung der Juden eine günstige göttliche Fügung sahen und die damit einverstanden waren, das Judentum als eine religiöse Konfession zu betrachten und die Existenz des Judentums als Volksgemeinschaft der Frühgeschichte zu überlassen. Denn selbst die Orthodoxie eines Samson Raphael Hirsch, die sich an den buchstäblichen Sinn der biblischen Prophezeiungen über Israels Zukunftshoffnungen gebunden fühlte, hatte sich mit der gegenwärtigen Existenz „im Exil" gut abgefunden und überließ die Erfüllung der biblischen Zukunftserwartungen dem lieben Gott selbst. Folgerichtig gab es dann auch im zwanzigsten Jahrhundert – allerdings *vor* dem Aufkommen der nationalsozialistischen Schreckensherrschaft – einen ganz ausgeprägten Antizionismus in den Kreisen der jüdischen Orthodoxie. (Reste eines solchen Antizionismus sind noch bei den *Natoré Kartha* in Jerusalem und bei einigen chassidischen Sekten in Amerika anzutreffen.)

Die bürgerliche Gleichberechtigung der Juden in den Ländern des Westens war jedoch eine Erfahrung, die den Juden in Osteuropa (und übrigens auch in Asien und in Afrika) fehlte. Und in Osteuropa wohnten die jüdischen *Massen* im neunzehnten und frühen zwanzigsten Jahrhundert. An eine wirkliche Partizipation der Juden an der russischen oder polnischen Kultur war gar nicht zu denken. Nur die christliche Taufe ermöglichte den vom Glauben ihrer Väter abgefallenen Juden die bürgerliche Gleichberechtigung und die Teilhabe an der allgemeinen Kultur. Wählte man aber die Taufe nicht, dann blieb man der abgesonderten jüdischen Existenz verfallen, lebte in jüdischen Städtchen oder Stadtteilen, sprach eine jüdische Sprache, Jiddisch, und las die in dieser Sprache verfaßte Literatur.

Ja, man blieb Jude, selbst wenn man den väterlichen Glauben und die traditionellen religiösen Vorschriften aufgab, sich aber – vielleicht aus gut atheistischer Überzeugung – auch nicht taufen ließ. Denn die Stadtmauern von Anatevka konnten die Winde der

Moderne nicht völlig aufhalten. Die Aufklärung feierte ihre Siege auch teilweise unter den jüdischen Massen Osteuropas. Der ostjüdische Talmudjünger, der unter dem Folianten des Talmuds die Schriften von Voltaire und Feuerbach, von Marx und Engels – in jiddischer Übersetzung, natürlich – versteckte und heimlich studierte, war keine seltene Erscheinung. Was aber waren solche Leute? *Religiöse* Juden waren sie gewiß nicht; aber ebenso gewiß waren sie und blieben sie *Juden*. Was, also, heißt hier „Juden"?

Das war nun das Milieu, in welchem verschiedene säkulare Theorien der jüdischen Existenz entwickelt wurden – Theorien, die die Juden als ethnische oder kulturelle Minderheit darstellten, und Theorien, die von einer jüdischen *Nation* sprachen, genau in dem Sinn, in dem das Wort damals im 19. Jahrhundert in Verwendung kam. Diese Theorien konnten mit oder ohne Sozialismus entwickelt werden. Die Unterdrückung, unter der die Juden in Osteuropa lebten, führte auch zu Theorien, welche den Nationalgedanken mit Gedanken an soziale oder nationale „Befreiung" verbanden. Hier nun wurde der Boden für den Zionismus vorbereitet, eine moderne jüdische Weltanschauung, die zwar in den Schriften des Wiener Journalisten Theodor Herzl (1860–1904) ihren prägnantesten Ausdruck fand, die auch hier und da unter deutschen Juden vereinzelte Anhänger zählte, die aber dennoch weit mehr von den Juden Osteuropas als von ihren assimilierten Brüdern und Schwestern im Westen aufgegriffen wurde. Es waren dann auch Juden aus Osteuropa, die den Zionismus in Amerika einführten – und auch in Palästina, wo er durch die Gründung des Staates Israel im Jahre 1948 seine konkrete Verwirklichung erlebte.

Das osteuropäische Rabbinat sah, mit ganz wenigen Ausnahmen, im Zionismus zunächst eine Ketzerei, und zwar aus Gründen, die denen der Opposition der deutschen Orthodoxie gegen den Zionismus ganz ähnlich waren. Das osteuropäische Rabbinat konnte es aber angesichts der immer häufiger vorkommenden Pogrome nicht verhindern, daß sich eine ständig anwachsende Anzahl von Ostjuden mit dem Zionismus identifizierte und daß sich im Laufe der Zeit eine eigene orthodoxe Spielart des Zionismus bildete, die heute, als national-religiöse Partei, eine erhebliche Rolle in der israelischen Politik spielt.

Überhaupt scheint in der jüngsten Vergangenheit der Juden geschichtliche Wirklichkeit ideologisches Durchdenken längst verdrängt zu haben. Schuld daran ist der deutsche Nationalsozialismus und die von ihm in die Wege geleitete Vernichtung des europäischen Judentums. Wenn es darum geht, menschliche Leben zu retten, kommt im Judentum die Ideologie an zweiter Stelle.

Die Theologien, die sich das emanzipierte Judentum des Westens im neunzehnten Jahrhundert schuf, werden heute von vielen Juden stark angezweifelt, weil doch – so wird jedenfalls behauptet – die Emanzipation der Juden total gescheitert ist. Tatsächlich haben diese verschiedenen Theologien, bis auf ganz wenige Ausnahmen, ihren Frieden mit dem Zionismus geschlossen. Dabei wird natürlich bewußt oder unbewußt übersehen, daß sich in vielen Ländern die bürgerliche Gleichberechtigung der Juden völlig durchgesetzt hat und daß man, wenn man das vom nationalsozialistischen Deutschland gelieferte Beispiel verallgemeinert, eben den Antisemitismus selbst zum Schiedsrichter über inner-jüdische Anliegen beruft.

Es wird wohl aber ruhigere Tage als die unseren benötigen, Tage, wo das Diasporajudentum neben der *raison d'état* des Staates Israel auch seine eigenen Anliegen zu Worte kommen läßt, um diese Fragen wieder rein wissenschaftlich und theologisch zu durchdenken.

Inzwischen ist nun das Nationaljudentum – mit oder ohne Religion – auf die Bühne des jüdischen Pluralismus getreten. Und auf absehbare Zeit wird die Stimme des Nationaljudentums die anderen Stimmen des jüdischen Pluralismus laut übertönen, da die meisten überlebenden Juden in der heutigen Welt entweder aus Osteuropa oder aus den islamischen Ländern stammen, wo sie keine bürgerliche Gleichberechtigung miterlebt hatten.

Andersdenkende Juden werden sich vorläufig damit trösten müssen, an die Worte zu denken, die von der Apostelgeschichte dem Rabban Gamaliel in den Mund gelegt wurden:

Wenn dieses Vorhaben oder dieses Werk von Menschen stammt, wird es zerstört werden.

Stammt es aber von Gott, so könnt ihr sie nicht vernichten; sonst werdet ihr noch als Kämpfer gegen Gott dastehen.[9]

Auch *das* ist ein Stück jüdischer Pluralismus, ähnlich dem Ausspruch von Rabbi Jochanan dem Sandalenmacher:

Jede Vereinigung, die um Gottes willen stattfindet, wird zuletzt bestehen; die aber nicht um Gottes willen stattfindet, wird zuletzt nicht bestehen.[10]

Mit dieser Übersicht über die ideologische und theologische Landschaft des heutigen Judentums als Hintergrund komme ich nun in den folgenden Kapiteln auf meine persönlichen Überzeugungen zu sprechen.

V

Mein Judesein –
eine Glaubensfrage

Als der Prophet Jona, soeben im Begriff, dem Auftrag Gottes zu entkommen, von den Seeleuten auf dem nach Tarschisch segelnden Schiff gefragt wurde: „Aus welchem Land und aus welchem Volk kommst du?", da antwortete er ihnen: „Ich bin ein Hebräer und verehre den Herrn, den Gott des Himmels, der das Meer und das Festland gemacht hat."[1] Die Antwort ist aus zwei Gründen interessant. Zunächst erstaunt, daß der vor dem Auftrag Gottes fliehende Prophet sich, ungeachtet seiner Untreue, dennoch als Verehrer Gottes beschreibt. Aber noch erstaunlicher ist die Tatsache, daß er überhaupt ein Glaubensbekenntnis ablegt, da sich ja die Frage der Seeleute, die sie dem Jona stellten, auf Jonas Land und Volk bezog und von religiöser Zugehörigkeit hier gar keine Rede war. Dennoch mußte der Verfasser des Buches Jona gefühlt haben, daß der Gottesglaube von einem Selbstbekenntnis zum hebräischen Volk untrennbar ist. Es war eben der ihnen gemeinsame Gottesglaube, der die Hebräer zu Hebräern machte. Ansonsten nahmen sie ja an der allgemeinen semitischen Kultur Anteil; auch konnten sie keinen Anspruch auf einen einheitlichen Ursprung erheben. Der Prophet Ezechiel erinnerte seine judäischen Zeitgenossen daran, daß ihre Abstammung auf einen Amoriter als Vater und eine Hetiterin als Mutter zurückgeht.[2]

Dieses Bewußtsein hat sich dann auch weiterhin erhalten, als die Hebräer zu Israeliten, die Israeliten zu Judäern, und die Judäer zu Juden wurden. So erklärte der im 10. Jahrhundert lebende erste systematische jüdische Theologe, Sa'adja Gaon (882–942): „Unser Volk ist ein Volk nur wegen seiner religiösen Vorschriften."[3] Selbst noch Theodor Herzl (1860–1904), der Gründer des modernen säkularen Zionismus, mußte zugestehen: „Wir erkennen unsere historische Zusammengehörigkeit nur am Glauben unserer Väter ..."[4]

Interessant ist auch, daß der marxistische Denker Isaac Deutscher (1907–1967) sich und seinesgleichen – Trotzki, Freud und andere – „nichtjüdische Juden" nannte,[5] – als ob zum richtigen, d. h. „jüdischen" Judesein, doch die Zugehörigkeit zur jüdischen Religion gehört. Das hat auch eine Gruppe von israelischen Dichtern und Schriftstellern gefühlt, die sich, bei Betonung ihrer Verwurzelung im Lande und ihrer Ablehnung der jüdischen Religion, nicht mehr „Juden", sondern „Kanaaniter" nannte.[6]

Dennoch gibt es heutzutage eine große Anzahl von Menschen, die sich „Juden" nennen und von anderen so genannt werden, obwohl sie von sich selbst behaupten, nicht religiös oder sogar antireligiös zu sein. Möglich ist das geworden, nachdem der religiöse Antisemitismus des Mittelalters dem modernen, sog. „rassischen" Antisemitismus wich – und somit von Antisemiten (und im zionistischen Spiegelbild des Antisemitismus) das Judesein von jeglicher Bejahung der jüdischen Religion getrennt wurde. So entstand der „Auchjude" und der „Trotzjude", der immerhin darin eine gewisse Berechtigung fand, daß die Juden eben nicht nur, wie die Christen, eine Glaubensgemeinschaft, sondern auch eine Stammes- und eine Schicksalsgemeinschaft bilden, wobei allerdings betont werden muß, daß sich im Laufe der Jahrtausende viele Nichtjuden zu dieser „Stammesgemeinschaft" gesellten, da die Tore des Judentums dem aufrechten Konvertiten offen stehen. Sogar König David, der Nationalheld des biblischen Israel, stammt von einer Moabiterin ab.[7] Auch von einigen berühmten Rabbinen des talmudischen Zeitalters behauptet der Talmud ihre nichtjüdische Abstammung.

Es gibt in der Neuzeit verschiedene Arten des Judeseins, aus denen der in einer freien Gesellschaft geborene Jude seine eigene Auswahl treffen kann. Mir geht es nicht darum, irgendeine Art von Juden vom Judesein ausschließen zu wollen. Das erledigt der Lauf der Geschichte ganz ohne meine Hilfe. Aber für mich persönlich bedeutet mein Judesein die Zugehörigkeit zur jüdischen Religion. Wenn sie nicht gerade Familienmitglieder sind oder aus dem gleichen kulturellen Milieu wie ich kommen, habe ich große

Schwierigkeiten, mich ungläubigen, nicht-religiösen Juden näher zu fühlen als meinen gläubigen und aufgeschlossenen christlichen Freunden. Ich weigere mich nämlich, mir die Art meines Judeseins entweder von Antisemiten oder von Zionisten vorschreiben zu lassen. So bin ich eben der Staatsangehörigkeit nach Amerikaner, der Kultur nach Deutscher – und der Religion nach Jude. Daher ist auch für mich mein Judesein eine *Glaubens*frage und keine andere.

Nun ist aber zu beachten, daß sich das Judentum, geschichtlich gesehen, weit weniger mit Dogmatik befaßt hat als etwa das Christentum. Das soll zwar nicht bedeuten, daß, wie oft mißverstanden wird, das Judentum überhaupt keine Glaubenslehren hat. Viele Tausende von Juden wären im Mittelalter nicht freiwillig in den Martyrertod gegangen, als sie vor die Wahl zwischen Apostasie und Scheiterhaufen gestellt wurden, wenn sie nicht an ihrem überlieferten *Glauben* gehangen hätten. Es ist aber dennoch wahr, daß man es im historischen Judentum mehr mit einem „Glaubensklima" als mit einer kirchenamtlich festgelegten Dogmatik zu tun hatte. Bei einem als selbstverständlich vorausgesetzten Glauben kümmerte man sich mehr um die gottgefällige Tat als um den seligmachenden Glauben.[8]

Eine gewisse Vernachlässigung der Dogmatik war daher im vormodernen Judentum möglich, da man durch die gemeinsame religiöse Praxis als Juden in Zeit und Raum miteinander verbunden war. Aber in der Neuzeit ist das Band der gemeinsamen religiösen Praxis immer schwächer geworden, und mit dieser Schwächung ist auch das implizite „Glaubensklima" nicht mehr einfach vorauszusetzen. Die Milieu-Frömmigkeit, wie sie Leo Baeck nannte, ist in der Neuzeit der Individual-Frömmigkeit gewichen – jedenfalls in den Ländern des Westens, in denen man sein Judesein und die Art und Weise seines Judeseins selbst bestimmen kann. Bedeutet mir daher mein Judesein ein Bekenntnis zu einem bestimmten Glauben, dann muß ich mir auch selbst – wie auch anderen – über meinen Glauben Rechenschaft ablegen können. Das soll in den folgenden Seiten dieses Büchleins versucht werden.

In welchem Schema soll das geschehen? Moses Maimonides (1135–1204) stellte in seinem Kommentar zum Traktat *Sanhedrin* in der *Mischnah* eine Liste von dreizehn Glaubensartikeln auf, die als Schema der jüdischen Glaubenslehre noch heute eine gewisse Nützlichkeit besitzt.[9] Claude G. Montefiore (1858–1938), ein Mitbegründer des radikalen religiös-liberalen Judentums in England, benutzte die Glaubensartikel des Maimonides, um sich dialektisch mit ihnen auseinanderzusetzen. Einigen stimmte er zu, andere verneinte er; und schließlich fügte er Glaubenslehren hinzu, die seiner Meinung nach Maimonides nicht oder nicht genügend beachtet hatte.[10]

Wenn einem dreizehn Glaubensartikel zu viel sind, dann kann man sich auf verschiedene „Dreier-Formeln" berufen, in denen einige jüdische Denker im Mittelalter und in der Neuzeit die Glaubenslehren des Judentums zusammengefaßt haben. So z. B. Josef Albo (ca. 1380–ca. 1444), der in seinem philosophischen Werk, '*Iqqarim* („Glaubenswurzeln") von den drei grundlegenden Glaubenslehren sprach, auf denen alle monotheistischen Religionen aufgebaut sind: Gott, Offenbarung und Vergeltung. Auch Franz Rosenzweig (1886–1929) bediente sich in seinem Hauptwerk *Der Stern der Erlösung* (1921) einer „Dreier-Formel": Die *Schöpfung* bezeichnet das Verhältnis von Gott zu der Welt; die *Offenbarung* bezeichnet das Verhältnis von Gott zu dem Menschen; und die *Erlösung* bezeichnet das Verhältnis vom Menschen zu der Welt.

Die Versuchung war groß, mich dem Rosenzweigschen Schema anzuschließen, da ich selbst, besonders in meiner Auffassung der Offenbarung, stark von Rosenzweig beeinflußt bin. Aber eine andere „Dreier-Formel" liegt mir für das hier zu erreichende Ziel noch näher. Es ist die des im 13. Jahrhundert entstandenen Hauptwerks der jüdischen Mystik, dem Buch *Sohar*, das ich gern zitiere, obwohl ich mich selbst nicht zu den Mystikern rechne. Dort heißt es, daß *Gott*, die *Torah* und *Israel* miteinander verbunden sind[11] – wobei natürlich unter „Israel" die jüdische Glaubensgemeinschaft und nicht der moderne Staat dieses Namens zu verstehen ist. Um diese drei Themen soll es also in den folgenden drei Kapiteln gehen, um mein Judesein theologisch zu klären.

VI

Gott

Es wird von einem chassidischen Meister erzählt, daß er, als ihn einst ein Jünger fragte, warum denn so viele jüdische Gebete mit den Worten „Unser Gott und Gott unserer Ahnen" anfangen, folgende Antwort gab: „Der Gott unserer Ahnen" steht für uns absolut fest. Er kann uns nicht weggenommen werden. Aber es ist doch nur der Gott unserer Ahnen, d. h. nicht der Gott, zu dem wir persönlich unseren Weg gefunden haben. Dagegen ist „unser Gott" der Gott unserer eigenen Erfahrung. Manchmal aber verlieren wir den Weg zu diesem Gott der eigenen Erfahrung und wenden uns von Gott wieder ab. Deshalb heißt es so oft im jüdischen Gebet: „Unser Gott und Gott unserer Ahnen". Er ist für uns sowohl der Gott, den wir aus persönlicher Erfahrung kennen, wie auch der Gott, dessen Existenz uns durch die Gewißheit der Ahnen verbürgt ist.

Den „Gott der Ahnen" lernte ich früh in meiner Kindheit kennen, wie es sich für ein Kind in einer orthodoxen jüdischen Familie gehört. Mir wurde beigebracht, welches Betragen dem „lieben Gott" gefällt und von ihm verlangt wird und welches Benehmen er streng verboten hat. Alles Gute in der Welt und alles Schöne waren da, weil es der „liebe Gott" so geschaffen hatte. Er versorgte mich auch mit meiner täglichen Speise und sandte Heilung – durch den Arzt –, wenn ich krank war. Er war zwar unsichtbar, aber er war dennoch überall. Und als mein Vater starb, hieß es, daß er jetzt „beim lieben Gott" sei.

In späteren Jahren – als Rabbiner und Religionslehrer – habe ich viel darüber nachgedacht, wieviel leichter es doch die christlichen Religionslehrer haben, den Kindern den Gottesglauben zu vermitteln. Im Klassenzimmer der christlichen Religionsschule hängt oft „der Sohn Gottes" an der Wand, und gelegentlich bekommt das christliche Kind auch schon einmal ein Bild von „Gott, dem Vater" zu sehen. Gott wird da viel „konkreter" als im jüdischen Religionsunterricht vorgestellt.

Nun ist zwar das sogenannte „Bildverbot" im Judentum (Ex 20, 4) nicht ganz so streng genommen worden, wie oft von Außenstehenden behauptet wird[1], aber so reichhaltig die jüdische Zeremonialkunst sich auch entwickelt haben mag, dem jüdischen Künstler war es strengstens untersagt, Gott selbst bildlich darzustellen. Das hieß nämlich, sich dem Götzendienst zu verschreiben, d. h. die überragende Majestät Gottes auf das Niveau der menschlichen Begrenztheit zu stellen. So muß also das jüdische Kind lernen, den ziemlich abstrakten Gott des ethischen Monotheismus anzubeten und seinen Geboten zu gehorchen.

Aber ganz und gar „abstrakt" ist der „liebe Gott" dem jüdischen Kind in einer orthodoxen Familie auch wieder nicht. Die vielen Sabbatgebote und -verbote z. B., die häuslichen Bräuche und die köstlichen Speisen, die Gebete und die Tafellieder dienen ja alle dem Zweck, Gott als den Weltenschöpfer zu feiern. Kommt das Pessachfest, dann erinnern ganz besondere Speisen und Bräuche an den Auszug aus Ägypten, als dessen Held Gott, und nicht etwa Mose, im Mittelpunkt steht. Dabei wird nicht nur den Erwachsenen, sondern gerade auch den Kindern ganz emphatisch klargemacht: „Hätte der Heilige, gepriesen sei Er, unsere Ahnen nicht aus Ägypten geführt, dann wären wir, unsere Kinder und unsere Kindeskinder immer noch Sklaven des Pharao in Ägypten." Das ist ein Teil der Antwort, die den Kindern auf ihre Frage gegeben wird, warum denn die Pessachnacht so verschieden von allen anderen Nächten sei. Kommt dann sieben Wochen später das Wochenfest, an dem in der mit Laub und Blumen geschmückten Synagoge die Zehn Gebote aus der Torarolle vorgelesen werden, dann lernt das jüdische Kind, daß der unsichtbare Gott, der die Ahnen aus der Sklaverei befreit hat, ihnen auch die Gebote und Verbote verkündete, denen auch das Kind Gehorsam schuldet, – auf diese und ähnliche Weise ist der ganze religiöse Jahreskreis auf Gott bezogen.[2]

Auf diese Art und Weise wurde auch ich im Glauben erzogen. Der Rabbiner Samson Raphael Hirsch, von dem bereits mehrfach die Rede war, hatte im 19. Jahrhundert gelehrt, daß der Katechismus des Juden der jüdische Festkalender sei. So war es in der Tat auch bei mir. Einen Katechismus, wie ihn christliche Kinder im Religionsunterricht lernen müssen, hat es gelegentlich auch schon hier und da im Judentum gegeben.[3] Aber in den Kreisen, aus denen ich stamme, war so etwas nicht üblich. Selbst einen „Religionsunterricht" im eigentlichen Sinne hat es kaum gegeben. Was sich „Religionsunterricht" nannte war – neben dem intensiven Studium der hebräischen Sprache – das Studium von biblischen und rabbinischen Texten, dazu gehörte auch das Lernen von jüdischer Geschichte und das Übersetzen und Verstehenlernen des hebräischen Gebetbuchs. Die „Religion" selbst lernte man sozusagen dadurch, daß man mit den primären Quellen der Religion direkt konfrontiert wurde. Der Gottesglaube – wie übrigens auch die sexuelle „Aufklärung" – ergab sich dabei fast durch Osmose. Gewiß wurde hier und da auch schon einmal dem jugendlichen Verständnis angemessen „theologisiert", so z. B. wenn die dreizehn von Maimonides aufgestellten Glaubensartikel, die im orthodoxen Gebetbuch Aufnahme gefunden haben[4], oder das „Höre, Israel!" (Deut. 6, 4), das als *das* jüdische Glaubensbekenntnis gilt und den monotheistischen Glauben des Judentums in nur sechs hebräischen Worten zum Ausdruck bringt, im Unterricht durchgenommen wurden.

So half dann die Schule, den Glauben an den „Gott der Ahnen", mit dem ich von Haus aus aufgewachsen bin, mit den „von Gott geoffenbarten Texten" und ihren rabbinischen und späteren Erläuterungen „historisch" zu fundieren. Man wußte natürlich, daß es auch „Andersgläubige" gibt, wie etwa die christlichen Nachbarn, von denen aber der „liebe Gott" nicht erwartete, daß sie ganz genauso wie die Juden glaubten, und wie die jüdischen Freunde, Verwandten und Bekannten, die es in ihrer Beobachtung der Speisegesetze und anderer Vorschriften der von Gott geoffenbarten Torah nicht so genau nahmen wie wir. Aber all das stellte doch nicht den Glauben an Gott selbst in Frage. Ohne Gott würde es ja gar keine Welt, keine Schönheit, keine Liebe und kein anständiges Benehmen geben! Und ohne Gott gäbe es ja gar keine Juden mehr, denn unser jüdisches Volk ist durch die Jahrtausende viele Male angefeindet und verfolgt worden; und, weil der „liebe Gott" uns gerettet hat, sind wir trotz allem immer noch da!

Derartig im Glauben ausgerüstet und gefestigt, verließ ich als Dreizehnjähriger mein Heim, um vor dem Nationalsozialismus nach Großbritannien zu fliehen, – drei Monate vor Ausbruch des Zweiten Weltkrieges. Ja, der „liebe Gott" hatte auch mich gerettet. Es dauerte aber nicht lange, bevor sich herausstellte, daß er meine geliebte Mutter und viele andere Familienmitglieder *nicht* gerettet hatte. Hier tat sich dann für den damals Vierzehn- oder Fünfzehnjährigen ein Problem auf, mit dem er bis zum heutigen Tage immer noch nicht ganz fertig geworden ist. Und als er dann später auf der Universität London Student der Psychologie und der Philosophie wurde, kamen noch so manche andere Probleme hinzu.

Es war ein gewisser Trost, als ich in meinem Studium erfuhr, daß ich beileibe nicht der erste war, der in die Dialektik von Jerusalem und Athen hineingeriet, – ja, daß es sich dabei um ein Thema handelte, dem sich die großen jüdischen (wie auch die christlichen und die muslimischen) Denker des Mittelalters mit Vorliebe und Energie zugewandt hatten. So wurde z. B. der Unterschied zwischen dem „Gott Abrahams" und dem „Gott des Aristoteles" von Jehudah Halevi (ca. 1085–1141) in seinem Werk *Kusari* scharf herausgearbeitet, indem er sechs Jahrhunderte vor Kants „Antinomien" klarmachte, daß sich mit rein logischen „Beweisen" sowohl die Existenz wie auch die Nichtexistenz des Gottes der Philosophen begründen ließe, daß aber der Gott, der unsere Ahnen aus ägyptischer Sklaverei befreit hat, ein Gott sei, den wir Juden persönlich in gewissen historischen Situationen „erfahren" haben.[5] Das steht am Anfang des Buches *Kusari*. Liest man aber weiter, dann merkt man recht bald, daß es selbst dem Jehudah Halevi darum geht, den Gott Abrahams mit dem Gott des Aristoteles zu identifizieren. Halevi war ja schließlich Jude und, als Jude, ein Monotheist, für den es nur *einen* Gott geben kann. Offenbarung und Philosophie stellen dann eben nur zwei verschiedene Zugänge zu diesem einen Gott dar.

Stärker als viele andere mittelalterliche Denker des Judentums von der griechischen Philosophie angehaucht war Moses Maimonides (1135–1204), der sich energisch gegen positive Aussagen über Gott wehrte, die Anthropomorphismen der Bibel nur als reine Metaphern gelten ließ und nur durch die *via negativa* eine etwaige Definition der Gottheit erlaubte. Aber derselbe Maimonides war auch ein betender Jude, der nicht nur im Gebet wie andere Menschen zu Gott sprach, sondern sich auch nicht weniger um die Vorschriften der jüdischen Liturgie kümmerte als um all die anderen Vorschriften der Torah, die er sorgfältig und in klar verständlicher Anordnung seinem vierzehnbändigen Gesetzeskodex *Mischneh Torah* einverleibte. So mag er zwar aristotelisch gedacht haben, blieb aber dem Gott der Offenbarung treu. Allerdings behauptete er, daß es nie einen Widerspruch zwischen wirklich logischem Denken und richtig verstandener Offenbarung geben kann, da ja beide Gaben Gottes sind. Wo Widersprüche existieren, sind sie nur *scheinbare* Widersprüche, die aufgelöst werden müssen – entweder durch kritisches Nachprüfen des Denkens oder durch eine Neuinterpretation der Offenbarungstexte, „denn die Tore der Interpretation sind nie verschlossen".[6]

Von Maimonides bin ich in meinem reiferen Denken stark beeinflußt worden, wenn auch die spezifischen Probleme, die Maimonides beschäftigten, nicht gerade meine existentiellen Probleme sind, und ich mich auch nicht darum bemühe, logische Beweise für die Existenz Gottes aufzustellen. Von so etwas hat mich das Studium von Immanuel Kants *Kritik der reinen Vernunft* (1781) mit ihren „Antinomien", von denen, wie wir gesehen haben, bereits Jehuda Halevi eine Ahnung hatte, befreit.

Aber nicht nur Jehudah Halevi und Immanuel Kant, sondern auch der berühmte evangelische Theologe Karl Barth (1886–1968), der bekanntlich die „Gottesbeweise" der natürlichen Theologie als Götzendienst verwarf, hatte Einfluß auf meine Gottesvorstellungen. Wenn im biblischen Zeitalter der Götzendienst darin bestand, daß Menschen mit ihren eigenen Händen Götter aus Gold und Silber, Holz und Stein anfertigten, so ist es nach Barth nicht weniger Götzendienst, wenn die Menschen sich mit ihrer Vernunft einen Gott anfertigen. Nur die Offenbarung kann uns Gott vergegenwärtigen; der Gott aber, den die menschliche Vernunft produziert, ist ein Götze!

Dennoch scheint mir Karl Barth hier ein bißchen zu weit gegangen zu sein. Schließlich blicke ich als Jude auf eine ganze Reihe großer jüdischer Denker zurück – von Sa'adja Gaon (882–942) bis Hermann Cohen (1842–1918) –, die sich ihrer menschlichen Vernunft bedienten, um den Gottesglauben philosophisch zu fundieren, und auf denen ich die Beschuldigung des Götzendienstes nicht ruhen lassen möchte. Im Jahre 1962 bot sich dann eine Gelegenheit, auf indirektem Wege Karl Barth diesbezüglich herauszufordern.

Im April 1962 hielt Barth eine Vortragsreihe an der theologischen Fakultät der Universität Chicago. Seine Vorträge hielt er in den Morgenstunden, und drei Abende waren dem Thema „Karl Barth trifft die jungen Theologen" gewidmet und machten es den damals jungen Theologen in den Vereinigten Staaten möglich, vor einem großen Publikum in der Rockefeller-Kapelle mit Barth ins Gespräch zu kommen. An einem dieser Abende fragte ein junger Jesuit, Theologieprofessor an einer katholischen Universität, den weltberühmten evangelischen Theologen, ob er denn immer noch die natürliche Theologie für Götzendienst hielte. Barth bejahte diese Frage kurz und emphatisch. Das fand ich, der als Vertreter der jüdischen Theologie eingeladen war, doch etwas mehr, als ich ertragen konnte. Ich meldete mich zu Wort, um meinen katholischen Kollegen in seiner Auseinandersetzung mit Barth zu unterstützen.

Zunächst verwies ich Barth auf Apg 17, 22–23, wo der Apostel Paulus den Athenern sagte, daß sie doch besonders fromme Menschen seien, „denn als ich umherging und mir eure Heiligtümer ansah, da fand ich auch einen Altar mit der Aufschrift: *Einem unbekannten Gott.*" Paulus fuhr dann fort: „Was ihr verehrt, ohne es zu kennen, das verkünde ich euch. Gott, der die Welt erschaffen hat und alles in ihr, er, der Herr über Himmel und Erde, wohnt nicht in Tempeln, die von Menschenhand gemacht sind." Nach diesem Zitat stellte ich die Frage, ob nicht der Begriff „Unbekannter Gott" *(agnostos theos)* aus dem Bereich des griechischen Denkens stamme, und, wenn ja, ob Paulus hier nicht den

Gott, den er predigte, mit diesem griechischen Begriff der „natürlichen Theologie" identifizierte.

Barth zeigte sich zunächst einmal sehr verblüfft darüber, daß ein jüdischer (!) Theologe das Neue Testament gegen ihn ins Feld führen wollte, und drückte sein Erstaunen darüber aus. Da warf der Vorsitzende dieser Abendveranstaltung, Jaroslav Pelikan, ein: „Sie haben seine Bibel zitiert, jetzt kann er Ihre zitieren!" Barth versuchte dann, die Stelle in der Apg als dialektischen Kniff des Paulus darzustellen und den guten Apostel vor meinem Verständnis von ihm zu bewahren.[7]

Allerdings machte Karl Barth in seiner Ablehnung der „Gottesbeweise" der natürlichen Theologie eine Ausnahme im Fall des „ontologischen Beweises" von St. Anselm von Canterbury.[8] Nach Barth soll Anselm seinen Gott nicht erst am Ende eines Syllogismus gefunden haben. Er habe als gläubiger Christ nur versucht, seinen Gottesglauben in philosophischer Terminologie auszudrücken. Nun, was Karl Barth für den „ontologischen Gottesbeweis" gelten läßt, das lasse ich auch für die anderen „Gottesbeweise" der natürlichen Theologie gelten.

Daß je ein Philosoph oder Theologe – in der Antike, im Mittelalter oder in der Neuzeit – mit einem leeren Gehirn anfing, über Gott zu philosophieren, halte ich überhaupt für psychologisch unwahrscheinlich. Das heißt, man kann sich nicht vorstellen, daß irgendein Denker auf einmal zu sich selbst sagt: „Also schauen wir mal. Hier ist X, und hier ist Y, und hier ist Z. Was ließe sich denn aus den Tatsachen, die hier meine Aufmerksamkeit erregen, folgern? Ach ja, sie scheinen zu zeigen, daß es einen Gott gibt!" Da ist es schon viel wahrscheinlicher, daß der Denker mit dem Glauben an Gott *anfing* und sich *dann* Worte suchte, in denen dieser Glaube in einer seinen Kollegen und Mitdenkern verständlichen Sprache *ausgedrückt* werden konnte. Anders gesagt, die sogenannten philosophischen „Beweise" für die Existenz Gottes sind letzten Endes nichts anderes als eine Weise, in der wir versuchen, die Gotteserfahrung, die wir in unserem Herzen gemacht haben, in Worten auszudrücken. Darum finden es diejenigen, denen diese Gotteserfahrung fehlt, so leicht, mit *anderen* logischen „Beweisen" die Existenz Gottes zu verneinen.[9]

Ich verwerfe also nicht, so wie Karl Barth das getan hat, die traditionellen „Gottesbeweise" als Götzendienst, halte sie andererseits aber auch nicht gerade für besonders nützlich, da es ja letzten Endes doch sehr fraglich bleibt, ob der Gott, der am Schluß eines logischen Beweises in Erscheinung tritt, tatsächlich der Gott ist, von dem die Bibel spricht und mit dem der wahrhaft religiöse Mensch eine persönliche Erfahrung gemacht hat. Die „Gottesbeweise" sind schließlich doch nur *ein* Weg unter verschiedenen möglichen Wegen, den Gottesglauben auszudrücken. Und da Gott *per definitionem* dem menschlichen Verstehensvermögen und der menschlichen Sprachkraft weit überlegen ist[10], so läßt sich ohnehin über Gott nur in Metaphern reden. So wird auch unter Juden Gott eher *an*-geredet, als daß man versuchte, *über* ihn zu theologisieren.[11]

Charakteristisch für die jüdische Rede über Gott ist das hebräische Wort *kibhejakhol,* das uns wiederholt in der rabbinischen Literatur bei Aussagen über Gott begegnet und das mit keinem einzigen deutschen Wort richtig übersetzt werden kann, das sich nur in einem ganzen dialektischen Gebilde von vier Sätzen, etwa folgendermaßen, umschreiben läßt: „Wenn man so sagen könnte. Aber du weißt und ich weiß, daß man das in Wirklichkeit nicht sagen kann. Jedoch wenn wir es nicht sagen, dann würden wir uns überhaupt nicht verständigen. Darum drücke ich mich bildlich aus, mit einer Metapher – in der Hoffnung, daß du verstehst, daß das, was ich sage, nicht wörtlich aufzufassen ist."

Ein Beispiel: Ein Rabbi will erklären, warum sich Gott dem Mose ausgerechnet aus einem Dornbusch offenbarte. Er drückt das so aus:

> Der Heilige, gepriesen sei Er, sprach zu Mose: „Fühlst du denn nicht, daß ich mich in Schmerzen befinde, genau wie Israel sich in Schmerzen befindet? Merke es an dem Ort, aus dem Ich mit dir rede – aus den Dornen! *Kibhejakhol,* teile Ich Israels Leid."[12]

Wenn Menschen über Gott reden, dann reden sie immer *kibhejakhol.* Deshalb fällt es mir auch nicht sehr schwer, eine gewisse

Toleranz walten zu lassen, wenn andere Menschen Gottesvorstellungen haben, die meiner eigenen nicht ganz entsprechen. Ja, selbst in der Bibel trifft man verschiedene Gottesvorstellungen an, wie auch in der rabbinischen Literatur, bei den mittelalterlichen Philosophen und Mystikern und bei modernen religiösen Denkern. Was sie alle vereint ist, daß sie alle das „Höre, Israel!" (Deut 6,4) bejahen: „Höre, Israel! Der Herr ist unser Gott, der Herr ist einzigartig." Es gibt nichts, was sich mit Gott vergleichen ließe. Daher kann es auch nur *einen* Gott geben, und dieser Gott verlangt, daß wir ihn und unsere Mitmenschen lieben.[13] Das ist der Gott des ethischen Monotheismus, wie immer man zu ihm gelangt, und was auch die verschiedenen Erfahrungen sein mögen, die einem die Existenz dieses Gottes entweder bestätigen oder – und auch das kommt vor – die seine Existenz in Frage stellen.

Unter den Dingen, die Gottes Existenz in Frage stellen könnten, steht nicht an letzter Stelle das Problem des Bösen in der Welt. Das war es ja, was mich, wie am Anfang dieses Kapitels erzählt, bereits in verhältnismäßig früher Jugend als großes Problem bewegte: Der Gott, der mir das Leben gerettet hat, ließ dennoch meine Mutter und viele andere Verwandte, Freunde und Bekannte auf grausame Art und Weise in der nationalsozialistischen Hölle umkommen. Später stellte sich heraus, daß das, außer im Freundes- und Verwandtenkreis, noch Millionen von anderen Glaubensbrüdern und -schwestern geschah. Ich bin also durch persönliche Erfahrung auf das ewige Problem der Theodizee gestoßen, d. h. auf die Frage, wie sich denn der Glaube an einen guten Gott mit der doch so konkreten Existenz des Bösen vereinbaren läßt.

Mit diesem Problem wurde schon in biblischen Zeiten gerungen. Abraham wandte sich an Gott mit der Frage: „Sollte sich der Richter über die ganze Erde nicht an das Recht halten?"[14] Der Prophet Jeremia wollte von Gott wissen: „Warum haben die Frevler Erfolg, weshalb können alle Abtrünnigen sorglos sein?"[15] Und ein ganzes biblisches Buch, das Buch Ijob, ist diesem Problem gewidmet, – nur um darzutun, daß es sterblichen Menschen nicht vergönnt ist, einer Lösung des Theodizeeproblems nahezukommen, ja daß Gott selbst die gar zu seichte von Ijobs Freunden unternommene Lösung dieses Problems mißbilligt, nämlich, daß Ijob unbedingt gesündigt haben *mußte,* wenn er so hart von Gott „bestraft" worden war.[16] Später stellte dann ein Rabbi Jannai in der *Mischnah* fest: „Wir haben keine Antwort auf die Frage, warum die Bösen Glück haben und die Frommen leiden müssen."[17]

Es mag sein, daß die Resignation eines Rabbi Jannai die angemessenste Haltung des religiösen Menschen zu diesem Problem ist. Aber das Problem selbst verschwindet dadurch nicht. Zwar existiert das Problem schon bei dem Tod eines einzigen unschuldigen Kindes, aber es drängt sich doch ganz besonders heutzutage auf, nach dem Genozid, der an den Juden Europas verübt worden ist, und für den „Auschwitz" als Schlüsselwort steht. Da Gott „sein Volk" im Zweiten Weltkrieg nicht gerettet hat, wird entweder behauptet, daß es keinen Gott gibt, oder man argumentiert: „Wenn Gott allmächtig ist, kann er nicht gut sein; und wenn er gut ist, kann er nicht allmächtig sein." Welches traditionelle Attribut Gottes ist der gläubige Jude nun bereit aufzugeben?

Auch ich habe keine theologische Lösung des Theodizeeproblems. Ich habe sie auch gar nicht ernstlich versucht, denn ich halte mich nicht für weiser als den oben zitierten Rabbi Jannai. Aber Gedanken zu diesem Thema habe ich mir selbstverständlich gemacht. Der Atheismus war für mich nicht die Antwort. Trotz allem Chaos in der Welt scheint mir immer noch genügend Ordnung in der Natur zu liegen – so viel Ordnung, daß selbst der begrenzte Menschenverstand es wagen kann, die Gesetze der Natur zu erforschen. Die Existenz eines göttlichen Schöpfers kann ich daher nicht bezweifeln. Auch Liebe, Schönheit, der Sinn für Gerechtigkeit und die menschliche Ehrfurcht vor dem Erhabenen scheinen mir Wegweiser zu Gott zu sein. Selbst Immanuel Kant, der in seiner *Kritik der reinen Vernunft* mit allen traditionellen „Gottesbeweisen" energisch aufgeräumt hat, konnte nicht umhin, in seiner *Kritik der praktischen Vernunft* (1788) für Gott ein Pförtchen offen zu lassen: „Zwei Dinge erfüllen das Gemüt mit immer neuer und zunehmenden *(sic)* Bewunderung und Ehrfurcht, je öfter und anhaltender sich das Nachdenken damit beschäftigt: Der gestirnte Himmel über mir, und das moralische Gesetz in mir."[18]

Überhaupt empfinde ich eine gewisse Ungeduld gegenüber den vielen Versuchen, die heutzutage von Theologen gemacht werden, „Auschwitz" theologisch zu „bewältigen". Nachdem ich mir einmal bei einer christlichen theologischen Tagung in Deutschland stundenlang gelehrte theologische Referate über „Auschwitz-Theologie" anhören mußte, meldete ich mich zu Wort und warf den Kollegen vor, viel zu sehr Gott für „Auschwitz" verantwortlich zu machen. „Auschwitz", sagte ich damals, sei weit mehr ein Problem der *Anthropo*logie als ein Problem der *Theo*logie. *Menschen, nicht Gott,* haben doch ihre Mitmenschen ermordet. Deutsche Theologen sollten sich eher mit Menschen als mit Gott befassen, um die Ursachen von „Auschwitz" zu ergründen und Ähnliches in Zukunft zu vermeiden! Das Herbeiziehen des zweiundzwanzigsten Kapitels der Genesis („Die Opferung Isaaks") oder der Passion Christi, um „Auschwitz" theologisch zu verarbeiten, ist schon deshalb unzulässig, weil es sich in diesen vermeintlichen biblischen Parallelen um Fälle handelt, bei denen es für das beabsichtigte Opfer einen Ausweg gegeben hätte – ganz abgesehen davon, daß ja Isaak *nicht* geopfert wurde. In „Auschwitz" gab es keinen Ausweg für die Opfer. Sie sind *nicht* freiwillig in den Tod gegangen. Da sagt mir das schroffe Urteil meines Lehrers und Freundes, des gesetzestreuen Rabbiners Eliezer Berkovits schon eher zu: „Es war ein absolutes Unrecht, ein Unrecht, dem Gott ruhig zugeschaut hat."[19]

Daß ein gesetzestreuer Rabbiner so reden kann, zeigt übrigens, daß es im Judentum absolut möglich ist, Gott zur Rechenschaft zu ziehen und mit Gott zu argumentieren. Es ist, wie wir gesehen haben, eine alte jüdische Tradition, die auf Abraham zurückgeht.[20] Wohlgemerkt, es geht hier um einen „Streit" mit Gott, der von gläubigen Juden geführt wird, – nicht um eine atheistische Absage an Gott!

Nun mag es stimmen, daß „Auschwitz" ein absolutes Unrecht war, „dem Gott ruhig zugeschaut hat"; dennoch drängt sich die Frage auf: „*Warum* hat Gott stillschweigend diesem absoluten Unrecht zugeschaut?" Und das bringt uns zurück zu der Formulierung: „Wenn Gott allmächtig ist, kann er nicht gut sein; und wenn er gut ist, kann er nicht allmächtig sein." Auch diese Formulierung stellt mich nicht zufrieden – jedenfalls nicht in der Prägung, die wir hier zitiert haben. „Gut" und „allmächtig" sind schließlich Attribute, die *wir* Gott beilegen und die als solche der Kritik des Maimonides ausgesetzt sind. Was der Mensch „gut" nennt und was es bedeutet, wenn die Bibel Gott „gut" nennt, brauchen nicht unbedingt dasselbe zu sein. Vom Gott der Bibel wird einiges berichtet, das sich nicht ganz mit dem deckt, was man unter Menschen als „gut" bezeichnet.[21] Und wenn Gott „allmächtig" ist, dann hat er auch die Macht, seine Allmacht freiwillig zu beschränken, wenn er will. Letzteres spielt eine erhebliche Rolle im Mythos der jüdischen Mystik, besonders in der lurianischen Kabbalah des 16. Jahrhunderts. Dort heißt es, daß, als Gott beschlossen hatte, unsere Welt zu erschaffen, er freiwillig seine eigene Macht und sein eigenes Wesen beschränkte, damit für die Welt Platz sei. Nicht weiter sollte Gott alles sein, aber es sollte eine Welt entstehen, in der es Männer und Frauen gibt, die menschlich, nicht göttlich sind. Das war für Gott eine Tat der größten Liebe, der selbst-aufopfernden Liebe, durch die sozusagen Gott sein eigenes Wesen und seine eigene Macht der Welt und der Menschen wegen beschränkte.[22]

Grundlegend für die biblische Religion ist die Behauptung der grenzenlosen menschlichen Willensfreiheit.[23] Gott stellt den Menschen vor die Wahl, entweder das Gute oder das Böse zu wählen. Was immer der Mensch wählt, es hat unausbleibliche Konsequenzen. Das erklärt zwar nicht die Leiden der Unschuldigen und ist daher auch kein Versuch, dem Problem der Theodizee beizukommen. Aber es macht doch andererseits klar, daß Gott mit dem Menschen kein Puppentheater spielt, daß der Mensch seine freie Wahl ausübt, ohne daß Gott dabei irgendwelche Fäden zieht. Nun bedeutet aber die Tatsache, daß Gott dem Menschen die Willensfreiheit gegeben hat, eine Selbstbeschränkung der Allmacht Gottes. Anstatt den Ablauf der Weltgeschichte selbst in die Hand zu nehmen, was er ja hätte tun können, wenn er es gewollt hätte, hat Gott dem Menschen die Verantwortung dafür überlassen. Nur so ist der Mensch zum Menschen geworden, zu einer verantwortlichen Persönlichkeit, und nicht zu einer Marionette oder zu einem vorprogrammierten Roboter. Der Preis, den der Mensch dafür zahlt, ist allerdings ein sehr hoher: vielleicht nicht geringer als die Größe der göttlichen Selbstbeschränkung.

Auf die Herausforderung hin, daß, wenn Gott gut ist, er nicht allmächtig sein kann, ließe sich also antworten, daß Gott gut *und* allmächtig ist, daß er aber freiwillig seine Allmacht eingeschränkt hat, um den Menschen zu einem selbstbewußten, verantwortlichen Wesen zu machen, – „nur wenig geringer als Gott selbst", wie es in Psalm 8,6 heißt.

Daß es Böses in der Welt gibt, war schon lange vor dem Zweiten Weltkrieg bekannt. Die Antike kannte sogar Religionen, von denen die Weltgeschichte als Kampfschauplatz von zwei Göttern, einem guten und einem bösen, betrachtet wurde. Der Prophet Deuterojesaja kannte diese Anschauung und verwarf sie vehement. Im Namen des einen Gottes sprach er:

> „Ich bin der Herr, und sonst niemand.
> Ich erschaffe das Licht und mache das Dunkel,
> ich bewirke das Heil und erschaffe das Unheil.
> Ich bin der Herr, der alles vollbringt."[24]

Eine schwierige Theologie! Aber eine Alternative existiert für einen Monotheisten nicht. Daher kann auch Ijob sagen: „Nehmen wir das Gute an von Gott, sollen wir dann nicht auch das Böse annehmen?"[25] Und in der *Mischnah* heißt es sogar: „So wie der Mensch verpflichtet ist, Gott für das Gute zu preisen, muß er ihn auch für das Böse preisen."[26]

Tatsache aber ist, daß man im Judentum dem Guten in der Welt mehr Aufmerksamkeit schenkt als dem Bösen. Es gibt Licht, und es gibt Schatten. Die Geschichte der jüdischen Glaubensgemeinschaft hat manche Schatten aufzuweisen, nicht erst in der Neuzeit. Dennoch wird im Judentum das Licht gefeiert, und es wird nicht zugelassen, daß das Dunkel das Licht völlig vertreibt. So gibt es z. B. eine Anzahl von Fasttagen im jüdischen Kalender, die der Erinnerung an Zerstörungen Jerusalems und seiner Tempel und dem Gedenken an andere Tragödien der jüdischen Geschichte gewidmet sind, also der Schattenseite des jüdischen Lebens. Fällt aber ein derartiger Fasttag auf einen Sabbat, dann wird der Fasttag verschoben. Die Freude des Sabbats darf nicht geschmälert werden! Das allwöchentliche Schöpfungsfest, die Sabbatfreude, verdrängt die Erinnerung an die Schattenseiten des jüdischen Lebens. Daß es Schatten gibt, wird gewiß nicht verneint. Aber sie dürfen im religiösen Bewußtsein des Juden nicht die Oberhand gewinnen.

Darin liegt auch der Hauptunterschied zwischen dem religiösen und dem nicht-religiösen Menschen. So wie der religiöse Mensch mehr Kosmos als Chaos in der Welt sieht, und der nicht-religiöse mehr Chaos als Kosmos, so sieht der religiöse Jude mehr Heilsgeschichte als Leidensgeschichte, und der nicht-religiöse mehr Leidensgeschichte als Heilsgeschichte. Vielleicht ist das davon beeinflußt, daß man sieht, was man sehen möchte. Was *ich* sehen möchte hat zweifellos seinen Ursprung in dem Gott meiner Ahnen, mit dem ich in meiner Kindheit vertraut gemacht wurde, und den ich noch heute als „*meinen* Gott" anrufen kann.

VII

Torah

Im vorangehenden Kapitel war vom ethischen Monotheismus die Rede. Das Glaubensbekenntnis des Judentums proklamiert nämlich nicht nur, daß es einen einzigartigen Gott gibt, sondern auch, daß dieser eine, einzigartige Gott moralische Forderungen an den Menschen stellt. Mit diesem Gedanken trat nach der Ansicht von Leo Baeck etwas ganz Neues, etwas Revolutionäres im Denken der Menschheit in Erscheinung.[1] Spricht man aber von einem Gott, der Forderungen an den Menschen stellt, so setzt man voraus, daß dieser Gott die Möglichkeit hat, seinen Willen dem Menschen kundzutun. Ein Gott, der sich nicht mitteilt, kann kein Gott des ethischen Monotheismus sein. Glaubt man aber an einen Gott, der mit den Menschen in Verbindung tritt, dann räumt man nicht nur die Möglichkeit, sondern auch die Notwendigkeit einer *Offenbarung* ein. Das ist für die biblische Religion und ihre Nachwirkungen im Judentum, im Christentum und im Islam axiomatisch. Wir sprechen daher auch von den „Offenbarungsreligionen". Im Judentum wird die göttliche Offenbarung *Torah* genannt, ein Wort, das auch auf die biblischen und rabbinischen Schriften, in denen sie Widerhall gefunden hat, angewandt wird.

Ist nun die Offenbarung für den ethischen Monotheismus eine Notwendigkeit, so können daneben allerdings auch große Meinungsunterschiede über das „Wie", das „Wann" und das „Was" der Offenbarung bestehen. In der Bibel lesen wir über Blitze, Donner und Feuer am Berge Sinai und über die Stimme, die dort vom Volk Israel gehört wurde.[2] Wir lesen, daß „Gott all diese Worte sprach"[3], Worte, die dann in Steintafeln eingemeißelt wurden. „Die Tafeln hatte Gott selbst gemacht, und die Schrift, die auf den Tafeln eingegraben war, war Gottes selbst."[4] Aber nicht nur die Zehn Gebote wurden von Gott gegeben. Immer wieder heißt es in der Heiligen Schrift: „Der Herr sprach zu Mose wie folgt: ‚Rede zu den Israeliten und sage ihnen ….'" Jegliche Gesetzgebung, jede sittliche Lehre und alle historischen Informationen werden auf diese göttliche Quelle zurückgeführt.

All das ist natürlich ein Versuch, in menschlicher Sprache auszudrücken, was die Möglichkeiten der menschlichen Sprache weit überschreitet. Wenn der unendliche Gott zum endlichen Menschen spricht, kann nur die Sprache der Poesie versuchen, zu beschreiben, was geschehen ist. Die Donner und Blitze am Berge Sinai, wie sie in der biblischen Erzählung erscheinen, sind ein Echo, das durch die Jahrtausende zu uns dringt. Sie bezeugen die Tatsache der Offenbarung und den Eindruck, den die Offenbarung bei dem Volk hinterlassen hat. Aber nur ein phantasieloser Mensch mit rein prosaischem Geist würde die biblische Erzählung wie eine Zeitungsreportage lesen, die in allen Einzelheiten das berichtet, was tatsächlich stattgefunden hat.

Die Erzählung, so wie sie geschrieben steht, muß notwendigerweise verschiedene Bedeutungen für spätere und verschiedene Leser haben. [5] Ein philosophischer Denker im 12. Jahrhundert mag in dieser Erzählung etwas anderes sehen als ein Rabbi im 4. Jahrhundert; und der Leser im 20. Jahrhundert mag die Erzählung wieder ganz anders verstehen.

Schon eine Ansicht, die man im Talmud findet, beschränkt das, was das Volk am Sinai direkt von Gott gehört hat, auf die ersten beiden der Zehn Gebote: „Ich bin der Herr, dein Gott" und „Du sollst keine anderen Götter haben". [6] Im 12. Jahrhundert meint Moses Maimonides, daß die Glaubensprinzipien von der Existenz Gottes und von Gottes Einheit (denn das bedeuten die ersten zwei der Zehn Gebote dem Maimonides) Vernunftswahrheiten seien, „denn das, was bewiesen werden kann, ist dem Propheten auf die gleiche Weise bekannt als anderen Menschen. Er hat in dieser Beziehung keinen Vorrang. Diese zwei Prinzipien sind nicht nur durch die Prophetie bekannt." [7] Das heißt, „die Gebote direkt von Gott hören" bedeutet für Maimonides, daß die Gedanken, die in diesen Geboten ausgedrückt werden, der menschlichen Vernunft auch ohne Offenbarung zugänglich sind. Das bezieht sich aber nur auf die ersten zwei der Zehn Gebote. (Nach jüdischer Zählung ist Ex 20, 2 das erste, und Ex 20, 3 – 6 das zweite Gebot.) Alle anderen Gebote wurden dem Volk durch Mose vermittelt – was Maimonides so auffaßt, daß das Volk einen ihm unverständlichen Ton hörte, der ihm dann von Mose in Form von Geboten erklärt wurde.

Das mittelalterliche jüdische Denken befaßte sich viel mit diesem „Ton" oder dieser „Stimme", die das Volk Israel am Sinai vernommen hatte. Den jüdischen Denkern war es unvorstellbar, daß Gott so mit dem biblischen Israel *geredet* haben soll, wie ein Mensch mit dem anderen redet. Was Israel am Sinai hörte, war nicht Gott, der in menschlicher Sprache redete, sondern eine eigens für diesen Zweck „erschaffene Stimme" *(qol nibhra),* oder „die Gestaltung der Luft in Form von Buchstaben, die dem Propheten oder der Menge die Dinge anzeigte, welche Gott sie wissen lassen wollte".[8] Selbst der Verweis in Ex 32, 16, daß die Tafeln von Gott selbst gemacht wurden, bedeutete für Maimonides nur, daß es *natürliche,* und nicht künstlich hergestellte Tafeln waren, „denn alle natürlichen Dinge werden ‚Werke des Herrn' genannt".[9]

Der Versuch der mittelalterlichen Denker, hinter der wörtlichen Bedeutung des biblischen Berichts einen tieferen – und für die Vernunft annehmbareren – Sinn zu finden, bleibt für uns anregend und lehrreich, selbst dann, wenn das mittelalterliche Denken nicht mehr das unsere sein kann. Eine „mechanistische" Auffassung von der Offenbarung, die Idee z. B., daß ein bereits vollständiges Buch vom Himmel herab zur Erde gelangte, ist heutzutage weniger annehmbar als je zuvor, weil wir ja in der Neuzeit zu wissen glauben, wie die biblische Literatur entstanden ist. Wir sehen in der vollendeten Torah das Endprodukt einer langen geschichtlichen und literarischen Entwicklung. Heute ist man weit mehr dazu geneigt, in der Offenbarung Ereignisse zu sehen, „die in der geschichtlichen Erfahrung der Menschheit geschehen sind, Ereignisse, die vom Glauben als ‚mächtige Taten Gottes' begriffen werden und welche daher im menschlichen Geist eine reflektive Gotteserkenntnis auslösen, so weit der Mensch eine derartige Gotteserkenntnis erlangen kann".[10]

Die „Ereignisse" selbst sind Ereignisse in der natürlichen Ordnung, die im Ablauf der Weltgeschichte stattfinden. Es ist aber eine von Gott verliehene Fähigkeit, diesen Ereignissen eine gewisse Interpretation zu geben, welche den Menschen diese Ereignisse als göttliche Offenbarung erfahren läßt. John Baillie drückt dies treffend aus: Gott „hat die Israeliten so erwählt, daß er sie nicht nur aus Ägypten geführt hat, sondern es auch dem Mose und den Propheten ermöglicht hat, die Bedeutung des Auszugs aus Ägypten zu begreifen. ... Die Bibel ist das schriftliche Zeugnis von der Wechselbeziehung zwischen Geist und Ereignis, welche das Wesen der Offenbarung ausmacht." [11]

Ich erinnere mich daran, daß, als im Jahre 1940 große Teile der britischen und einige Teile der französischen Armee aus dem nordfranzösischen Dunkerque evakuiert wurden, viele Menschen in Großbritannien meinten, daß ein wahres Wunder geschehen war. Die Chancen für den Erfolg dieser Rettungsaktion erschienen damals sehr gering. Die kleinen Dampfer und Boote aus England, welche die zur Verfügung stehenden Mittel der britischen Marine ergänzen sollten, galten als nicht zureichend. Aber die Evakuierung war ein Erfolg, und der deutsche Sieg, der unmittelbar bevorzustehen schien, konnte verhindert werden. Als die Evakuierung geglückt war, fanden überall in Großbritannien Dankgottesdienste statt. Der Vergleich zwischen Dunkerque und dem Marsch der biblischen Israeliten durch das Schilfmeer [12] wurde von vielen gezogen. Tatsächlich könnte man sagen, daß sich diese beiden Ereignisse gegenseitig beleuchten. Denn so wie das Ereignis von Dunkerque „wunderbar" war, ohne daß irgendwelche Naturgesetze außer Kraft gesetzt wurden, ist es auch wahrscheinlich, daß das Ereignis am Schilfmeer, von späteren Generationen so sehr mit „wunderbaren" Einzelheiten ausgeschmückt, im Grunde ein rein „natürliches" war. Dennoch war es ein „Wunder", weil es zu einem Zeitpunkt geschah, als für die Israeliten ein derartiges Ereignis gerade eine absolute Notwendigkeit war.

Damit kommt die Analogie allerdings bereits zu ihrem Ende. Das Dunkerque-Ereignis liegt schon in den Geschichtsbüchern des Zweiten Weltkrieges begraben. Es ist nicht ersichtlich, daß durch Dunkerque ein bemerkenswerter Wandel im Denken der Menschheit stattgefunden hat – kein neuer Begriff der Freiheit entstand hier, kein neues Gefühl der Verantwortung der Menschen untereinander. Darum kann man immer noch Dunkerque ein „Wunder" nennen. Aber es kann wohl kaum als „Offenbarung" betrachtet werden.

Ganz anders steht es mit dem Ereignis am Schilfmeer, dem Höhepunkt der Befreiung aus der ägyptischen Sklaverei. Hier handelt es sich um ein Ereignis, von dem spätere Generationen mit folgenden Worten ihre Erzählung einleiteten: „Als sich der Heilige, gepriesen sei Er, am Schilfmeer offenbarte ..."[13] Hier war es der Fall, daß die Israeliten die Herrschaft Gottes anerkannten und ausriefen: „Der Herr ist König für immer und immer!"[14] Und dieser Ausruf ist ein Bestandteil der jüdischen Liturgie geworden, der von frommen Juden zweimal täglich in Erinnerung an den Auszug aus Ägypten gebetet wird.[15] Die Befreiung aus Ägypten, als göttliche Offenbarung verstanden, führte notwendigerweise zu der Auffassung von Gott als dem Urheber der Freiheit; und diese Auffassung wiederum führte zu einer ganzen Reihe von Bestimmungen in der sozialen Gesetzgebung des biblischen Israel, die auf folgende Weise motiviert wurden: „Denk daran: Als du in Ägypten Sklave warst, hat dich der Herr, dein Gott, mit starker Hand und hoch erhobenem Arm dort herausgeführt."[16] Das ist auch die Begründung für Torah-Gesetze wie: „Der Fremde, der sich bei euch aufhält, soll euch wie ein Einheimischer gelten, und du sollst ihn lieben wie dich selbst; denn ihr seid Fremde in Ägypten gewesen. Ich bin der Herr, euer Gott."[17]

Das Ereignis am Schilfmeer ist nur eines von vielen Ereignissen in der Geschichte des biblischen Israel, von denen es heißt, daß sich Gott durch sie offenbart hat, d. h. wo Gott dem Menschen die Fähigkeit zuteil werden ließ, „die Wechselbeziehung zwischen Geist und Ereignis" zu erfahren, „welche das Wesen der Offenbarung ausmacht". Wenn wir nun die Frage aufwerfen, *warum* Gott gewisse Ereignisse aus dem gewöhnlichen Ablauf der Geschichte heraushebt, um sie zu Offenbarungen zu machen, dann kann die Antwort nur so lauten, wie sie, auf biblischer Lehre basierend, im täglichen jüdischen Abendgebet ausgedrückt wird:

„Mit ewiger Liebe
hast Du Dein Volk, das Haus Israel, geliebt;
Torah und Gebote,
Satzungen und Rechte
hast Du uns gelehrt."

Franz Rosenzweig (1886–1929) hat ausgeführt, daß die göttliche Liebe der *einzige* Inhalt der Offenbarung ist. Wenn sich der Mensch der göttlichen Liebe bewußt wird, dann hört er das göttliche Gebot: „Du sollst den Herrn, deinen Gott, lieben mit ganzem Herzen, mit ganzer Seele und mit ganzer Kraft!"[18] Gewöhnlich läßt sich Liebe gewiß nicht *gebieten*. Nur ein Liebhaber kann in einem Augenblick der aufgeweckten Liebe, wenn er seiner Geliebten kundtut, daß er sie liebt, von ihr verlangen, daß sie seine Liebe erwidert. Das ist es aber, was der Augenblick der Offenbarung bedeutet: Gott beweist seine Liebe und sehnt sich danach, daß der Mensch diese Liebe erwidert. Alles andere ist Kommentar und Interpretation.[19]

Wenn aber der Mensch das Gebot: „Du sollst den Herrn, deinen Gott, lieben!" hört, und wenn er die göttliche Liebe erwidern will, dann kann er damit nicht Halt machen. So bald er nämlich Gott lieben will, muß er diese Liebe in allen Teilen seines Lebens verkörpern. Daher ergibt sich aus der Liebe zu Gott konsequent ein weiteres Gebot, das gewöhnlich mit „Liebe deinen Nächsten wie dich selbst!" zitiert wird, das aber, auf Grund des hebräischen Originaltextes, von Hermann Cohen und Leo Baeck folgendermaßen übersetzt wird: „Liebe deinen Nächsten, denn er ist wie du, weil Ich der Herr bin."[20]

Damit nun dieses Gebot der Liebe keine leere Phrase bleibt, erläutert das Judentum in allen Einzelheiten, was denn die Liebe zu Gott und zum Nächsten praktisch bedeutet. Das ist dann der Zweck aller Gebote und Verbote im biblischen wie auch im rabbinischen Judentum. So lehrte schon Jesus von Nazareth, nachdem er die Liebesgebote von Deut 6, 5 und Lev 19, 18 zitiert hatte: „An diesen beiden Geboten hängt das ganze Gesetz samt den Propheten."[21]

„Wenn der Mensch über den Tag hinausblickt", so lehrte Leo

Baeck, „wenn er seinem Leben eine Richtung geben, es zu einem Ziele hinführen will, wenn er so das Bestimmende, das Deutliche seines Lebens erfaßt, so wird es immer zum Gebote, zur Aufgabe, zu dem, was er verwirklichen soll."[22]

Das Gebot, die Aufgabe, den Nächsten zu lieben, bedeutet im Judentum, daß bei der Ernte Vorsorge getroffen wird für „die Fremden, Waisen und Witwen", und zwar nicht als bloßer Appell an die menschlichen Gefühle der Sympathie und der Mildtätigkeit, sondern im Sinne eines von Gott erlassenen *Gesetzes*.[23] Es bedeutet das Verbot, Zinsen zu nehmen, denn das Verleihen des Geldes wird als Hilfe verstanden, die man dem in der Not lebenden Bruder schuldet.[24] Es bedeutet das gerechte Verhältnis von Arbeitgebern und -nehmern.[25] Es verlangt auch, daß man seinem persönlichen Feind Hilfe leistet, wenn er eine derartige Hilfe benötigt.[26] Selbstverständlich gilt auch jegliche Art von Lüge, Unehrlichkeit und Betrügerei als verboten.[27]

Das alles und vieles andere mehr ist in dem Gebot enthalten, daß wir unseren Nächsten lieben. Da es sich dabei um ein Gebot handelt, das die Liebe Gottes widerspiegelt, die wir selbst erfahren haben, können alle diese Gebote und Verbote „göttliche Gesetze" oder „von Gott geoffenbarte Gesetze" genannt werden – auch dann, wenn uns die Blitze und Donner am Berge Sinai nur einen Versuch unserer Vorfahren bedeuten, das in Worten zu formulieren, was sich einer angemessenen Beschreibung in menschlicher Sprache notwendigerweise entzieht.

Wir haben bis jetzt nur von *einer* Art der Torah-Gebote gesprochen, von den sittlichen und sozialen. Bekanntlich befaßt sich aber ein großer Teil der Torah-Gesetzgebung mit Handlungen, die gewöhnlich als „rituell" oder „zeremoniell" bezeichnet werden. Wie Handlungen *dieser* Art in meinen Begriff der Offenbarung passen, das soll am Beispiel der Pessach-Zeremonien gezeigt werden.

Wie bereits erwähnt, empfanden die Israeliten Gott als den „Urheber der Freiheit". Ihre Befreiung aus ägyptischer Sklaverei wurde von ihnen als Ausdruck des göttlichen Willens, daß der Mensch frei sein muß, verstanden. Ihre eigene Befreiungserfahrung hinterließ ein unauslöschbares Merkmal in ihrer Seele. Wie läßt sich nun ein derartiges Merkmal vererben? Wie macht man es zukünftigen Generationen möglich, die Ereignisse des Auszugs aus Ägypten nachzuerleben? Denn sie *müssen* nacherlebt werden – sowohl von dem selbstzufriedenen Juden, der in Freiheit lebt und der an die Aufgaben erinnert werden muß, die es noch zu erfüllen gilt, als auch von dem leidenden Juden, der verfolgt wird und dessen Hoffnung auf Erlösung gestärkt werden soll.

Die Antwort auf diese Fragen liegt in den vielen Bräuchen des Pessachfestes. Wir essen die Art von ungesäuertem Brot *(mazzah),* das unsere Vorfahren aßen und von dem es in Deut 16,3 heißt, daß es das „Brot des Elends" war, während in Ex 12,39 der Zusammenhang zwischen diesem ungesäuerten Brot und der Befreiung aus der Sklaverei hergestellt wird. Wir essen Bitterkraut, um uns an das bittere Leben unserer versklavten Ahnen zu erinnern. Und wir feiern die alljährliche Sedernacht, d. h. die Nacht, in der, nach biblischem Bericht, unsere Vorfahren tatsächlich befreit worden sein sollen. All das und verschiedene andere Bräuche und symbolische Speisen haben den Zweck, in uns den in der Liturgie der Sedernacht ausgedrückten Gedanken wach zu erhalten: „In jedem Geschlecht ist der Mensch verpflichtet, sich so zu betrachten, als ob er selbst aus Ägypten gezogen sei."[28]

Wenn wir in diesem Sinn das Pessachfest feiern, erinnern wir uns auch ständig daran, daß der Gott, den wir anbeten, der „Urheber der Freiheit" ist, der darauf besteht, daß die Menschen frei sein sollen. So verstanden sind also die Gebote und Verbote, die das alljährliche Pessachfest zeigen, „göttliche Gebote", was immer sich auch sonst noch über ihren geschichtlichen Ursprung sagen läßt.[29]

Aber die Pessachgesetze, die wir uns hier als Beispiel für die rituelle und zeremoniale Gesetzgebung wählten, haben immerhin eine Ausrichtung auf das Sittliche und das Soziale. Daneben gibt es jedoch eine Fülle von Geboten und Verboten in der Torah, die schlechthin rituell und zeremoniell sind, ohne daß sich irgendeine Beziehung zu den moralischen Pflichten erkennen läßt. Wir denken hier in erster Linie an den biblischen Opferkult, an die weit verzweigten Reinheitsgesetze, an die Speisegesetze und an die ins Kleinste gehenden Vorschriften über den Gottesdienst. Wie konnten derartige Gesetze je als „göttliche Gesetze" anerkannt werden?

Die Antwort darauf ist nicht schwer. Wir haben ja schon gesehen, daß die Offenbarung eine Manifestation der göttlichen Liebe ist. Sie wirkt auf alle Ebenen des menschlichen Lebens ein, einschließlich der Ebenen, die unterhalb des Bewußtseins und der Vernunft liegen, – wie das der Fall bei jeglicher Art der Liebe ist. Der Mensch, dem die Offenbarung zuteil wurde, möchte sie immer wieder nacherleben. Daher versucht er auch, die Bedingungen zu schaffen, die scheinbar in der Vergangenheit für derartige Erfahrungen höchst günstig waren. Dort, wo Gott sich in der Vergangenheit offenbart hat, baut der Mensch ihm Tempel und Altäre – in der Hoffnung, daß Gott sich auch weiterhin offenbaren wird. So ist es die Liebe zu Gott, die den Menschen dazu bewegt, diejenigen Handlungen und Bräuche auszudehnen, von denen angenommen wird, daß sie den Zweck haben, Gottes Gegenwart im Leben des Menschen zu verwirklichen.

Treffend wird dieser Gedanke in seiner Anwendung auf das Ritualgesetz wie auch auf die Ethik in einem früheren rabbinischen Kommentar zum Buche Exodus ausgeführt:

„Er ist mein Gott, Ihn will ich preisen", heißt es in Ex 15,2. (Aber das hebräische Wort *we-anwehu* = „Ihn will ich preisen" kann auch als „Ihn will ich schön machen" verstanden werden.) Deshalb sagt Rabbi Ismael: Ist es denn einem Geschöpf von Fleisch und Blut möglich, seinen Schöpfer schön zu machen?! Der Vers kann also nur bedeuten, daß ich in der Erfüllung der Gebote Schönes für Ihn tun werde. Am Laubhüttenfest (Lev 23,39–43) werde ich vor Ihm einen schönen Feststrauß zusammenstellen und eine hübsche Laubhütte bauen; ich werde schöne Schaufäden (Num 15,37–41) anfertigen und schöne Gebetsriemen (Deut 6,8) anlegen.

(Das hebräische Wort *we-anwehu* = „Ihn will ich preisen" kann aber auch als Zusammenstellung von *ani* = „ich" und *hu* = „Er" aufgefaßt werden.) Deshalb sagte Abba Saul: Das bedeutet: „Ich will Ihm ähnlich sein". So wie Er erbarmend und gnädig ist, sei auch du erbarmend und gnädig![30]

Was hat das alles mit der Offenbarung am Berge Sinai zu tun? Die Gesetze und Gebote der Torah gehen nicht alle auf diesen historischen Augenblick zurück – jedenfalls nicht in der Form, in der wir sie heutzutage kennen. Sie haben sich im Laufe der Jahrhunderte und der Jahrtausende entwickelt. Verschiedene Umstände im Leben der Glaubensgemeinschaft Israels haben verschiedene Reaktionen hervorgerufen. Das Leben in den Tagen der hebräischen Monarchie war anders als das Leben in den Tagen der biblischen Richter. Und die Generationen, die bei der Ansiedlung in Palästina beteiligt waren, mußten andere Probleme bewältigen als die Probleme, mit denen die Wüstenwanderer fertig werden mußten. Dennoch gehen alle Antworten auf alle Herausforderungen auf ein und dieselbe Verpflichtung zurück, nämlich auf die Verpflichtung, die von den Israeliten am Berge Sinai übernommen wurde: „Alles, was der Herr sagt, wollen wir tun und verstehen lernen."[31]

Zugegeben, die Darstellung, die wir hier unternommen haben, ist nicht die „traditionelle". Sie ist eine Interpretation, wie sie nur im 20. Jahrhundert gegeben werden kann. Als solche unterscheidet sie sich nicht weniger von derjenigen, die Moses Maimonides im 12. Jahrhundert anbot, als sich die maimonideische Interpretation von den Interpretationen seiner talmudischen Vorgänger unterschied. Unsere Interpretation unterscheidet sich von der „traditionellen" hauptsächlich darin, daß von uns die Zweifel, die von der heutigen Wissenschaft an der mosaischen Autorschaft des Pentateuchs gehegt werden, ernst genommen werden. Die *Tatsache* der Offenbarung und des göttlichen Ursprungs der Torah wird von uns ganz unabhängig von irgendeiner Theorie – alt oder modern – über die literarische Entstehungsgeschichte des Pentateuchs behandelt.

So seltsam es uns auch vorkommt, im klassischen rabbinischen Judentum war die „mosaische Autorschaft des Pentateuchs", obwohl durch die Generationen hindurch von Juden angenommen, nie ein Bestandteil der Dogmatik. (Erst Maimonides im 12. Jahrhundert machte sie dazu.) Das klassische rabbinische Dogma erklärte, daß die Torah von *Gott* – nicht von Mose – stammt.[32] Dagegen betrachteten die klassischen Rabbinen denjenigen als

Häretiker, der behauptete: „Die ganze Torah wurde von Gott diktiert, aber dieser oder jener Vers wurde von Mose selbständig niedergeschrieben."[33] Man konnte also an die „mosaische Autorschaft" glauben und dennoch als Häretiker bezeichnet werden. Denn worum es hier ging, war eben nicht die menschliche Vermittlung, durch welche Gott seine Torah zu uns kommen ließ, sondern daß es *Gott* ist, in dem die Torah ihren Ursprung hat. Wurde das verneint, so half auch kein Glaube an die Errungenschaften eines Mose. Und darum ging es mir ja in diesem Kapitel: zu zeigen, daß hinter der Literaturgeschichte des Pentateuchs, hinter der ganzen Bibel mit ihren verschiedenen Gesetzen und Erzählungen und auch hinter der weit verzweigten rabbinischen Literatur, in der das Bibelwort späteren Generationen lebendig blieb[34], – daß hinter all dem die Liebe Gottes liegt, ein Niederschlag der göttlichen Offenbarung, die auch heute noch einem wissenschaftlich gebildeten Juden, der die Bibel kritisch liest, zugänglich sein kann.

VIII

Israel

Es gibt ein sehr altes jüdisches Gebet, das schon im Talmud erwähnt wird.[1] Zunächst als Gebet für den Versöhnungstag gemeint, fand es schließlich Aufnahme in das alltägliche Morgenge-
bet, in welchem es die Bedeutungslosigkeit des menschlichen
Strebens und die Nichtigkeit der menschlichen Errungenschaften
klar zum Ausdruck bringt. Es lautet:

Herr aller Welten!
Nicht weil wir auf unsere Gerechtigkeit vertrauen,
sondern wegen Deiner großen Barmherzigkeit
legen wir unser Flehen vor Dir nieder.
Denn was sind wir schon?
Was ist unser Leben?
Was ist unsere Güte?
Was unsere Gerechtigkeit?
Was unser Heil?
Was ist unsere Kraft?
Was unsere Stärke?
Was können wir Dir sagen,
Herr, unser Gott und Gott unserer Ahnen?
Sind nicht alle Helden wie Nichts vor Dir?
Die Berühmten, als ob sie nie gewesen?
Die Weisen, als ob sie kein Wissen hätten,
und die Verständigen, als ob es ihnen an Einsicht mangelt?
Denn die meisten ihrer Taten sind nichtig
und ihre Lebenstage wie ein Hauch vor Dir.
„Einen Vorteil des Menschen gegenüber dem Tier
gibt es nicht;
denn alles ist ein Windhauch."

Der letzte Satz ist Kohelet 3, 19 entnommen und faßt die existentielle Lage des Menschen in einer Art zusammen, die auch von einem Anhänger von Sartre oder Camus akzeptiert werden könnte. Das jüdische Gebet bleibt aber an diesem Punkt nicht stehen. Im Gegenteil, es behauptet, daß die Nichtigkeit der menschlichen Existenz überwunden werden kann, – ja, daß sie im Fall der jüdischen Glaubensgemeinschaft bereits überwunden worden ist. Das Gebet fährt nämlich fort:

Aber dennoch sind wir Dein Volk,
Genossen Deines Bundes,
Kinder Abrahams, Deines Freundes,
dem Du auf dem Berge Morija zugeschworen hast;
Nachkommen Isaaks, seines Einziggeliebten,
der auf dem Altar gebunden wurde;
Gemeinde Jakobs, Deines erkorenen Sohnes,
den Du Deiner Liebe willen,
mit der Du ihn liebtest,
und um Deiner Freude willen,
mit der Du Dich an ihm freutest,
Israel und Jeschurun genannt hast.
Darum sind wir verpflichtet,
Dich dankend zu bekennen ...

So stellt das hier zitierte Gebet sozusagen einen alten jüdischen Versuch der Selbst-Definition dar, indem es trotzig behauptet, daß die durch die menschliche Bedeutungslosigkeit verursachte Malaise durch die Tatsache unseres Judeseins überwunden werden kann. Die Natur dieses Judeseins wird hier von der Perspektive seiner drei Komponenten aus angedeutet: Juden sind die Kinder Abrahams, die Nachkommen Isaaks und die Gemeinde Jakobs. Jeder hier gebrauchte Ausdruck hat seine eigene Bedeutung.

„Kinder Abrahams". Die Heilige Schrift läßt Abraham zwei Rollen spielen. Er ist nicht nur der erste bewußte Monotheist, der seine Bindungen an Familie und Milieu aufgibt, um dem Ruf des Einen Gottes in ein ihm unbekanntes Land zu folgen, wodurch er zum ersten „Hebräer" wird, sondern er ist auch der erste einer ganzen Schar von Monotheisten, die keineswegs alle zum hebräischen Volk gehören. Abraham soll nämlich „Stammvater einer Menge von Völkern" werden. [2]

Es ist bekannt, daß sich der Apostel Paulus in seiner missionarischen Tätigkeit auf diesen Begriff von Abraham als dem „Stammvater einer Menge von Völkern" stützt. [3] Es mag Nichtjuden weniger bekannt sein, daß auch das Judentum die Möglichkeit in Betracht zieht, daß jemand ein „Kind Abrahams" werden kann, ohne als Jude geboren worden zu sein. Ein Konvertit zum Judentum im 12. Jahrhundert empfand es als schwierig, die Anfangsworte so vieler jüdischen Gebete, „unser Gott und Gott unserer Ahnen", zu sprechen, da ja seine Ahnen keine Diener des Gottes von Abraham, Isaak und Jakob waren. Er wandte sich mit dieser Schwierigkeit an den großen Denker und Gesetzesgelehrten Moses Maimonides, der ihm antwortete, daß er ganz gewiß die Formel „unser Gott und Gott unserer Ahnen" in seinen Gebeten sprechen dürfe, denn durch seinen Übertritt zum Judentum sei er ein „Kind Abrahams" geworden. Abraham war nämlich ein erfolgreicher Missionar gewesen, der viele Menschen „unter die Fittiche der *Schekhinah*", d. h. der Anwesenheit Gottes, gebracht hatte. [4] In der Tat: Bis zum heutigen Tag, wenn ein Konvertit zum Judentum beim synagogalen Gottesdienst zur Vorlesung aus der Torahrolle „aufgerufen" wird, – wobei es der Brauch ist, den so „Aufgerufenen" bei seinem und seines Vaters hebräischen Namen zu nennen –, wird der Konvertit *ben abhraham abhinu*, „Sohn unseres Vaters Abraham", genannt.

Das bedeutet, daß sich die Vaterschaft Abrahams nicht auf seine biologischen Nachkommen beschränkt. Abraham hat auch geistige Kinder. Alle wahren Monotheisten gehören seiner geistigen Familie an. Judesein heißt daher u. a. auch: Mitglied sein in einer umfangreicheren „Familie" von Monotheisten, in der nicht alle Mitglieder als Juden geboren wurden. Ein „Kind Abrahams" zu sein, verpflichtet einen zu drei Bejahungen: 1. daß das Judentum einen ideellen Inhalt hat, nämlich den Glauben an den einen und einzigartigen Gott; 2. daß die Annahme und die Verteidigung dieser Idee nicht auf jene Menschen beschränkt ist, die jüdische Eltern haben; 3. daß die messianische Erfüllung der Weltgeschichte eine Welt bedeutet, in der die ganze Menschheit als „Kinder Abrahams" angesehen werden kann. Wenn also der Jude betet: „Wir sind Kinder Abrahams", bejaht er den Monotheismus, den Universalismus und den Messianismus. „Judesein" heißt gläubig sein.

„Nachkommen Isaaks". Das hebräische Wort, das wir hier mit „Nachkommen" übersetzt haben, *sera',* bedeutet wörtlich: „Samen". Samen ist etwas sehr Physisches, Biologisches. Juden sind keine philosophische Gesellschaft von Monotheisten. Sie sind eine *Mischpachah,* eine Familie. Familien zeichnen sich sowohl durch Blutsverwandtschaft als auch durch gemeinsame Erinnerungen und die gegenseitige Fürsorge aus. Die Hervorhebung der Blutsverwandtschaft mag heutzutage in der egalitären Gesellschaft einen schlechten Klang haben. Manche Menschen schämen sich ihrer aristokratischen Abstammung, weil die absolut notwendige und völlig gerechtfertigte „Gleichheit aller Bürger vor dem Gesetz" allzuoft mit einer unnatürlichen und langweiligen „Eintönigkeit aller Bürger" verwechselt wird. Hinzu kommt, daß der entsetzliche und schreckliche Mißbrauch, den die Nationalsozialisten mit den Begriffen von Blut, Rasse und Abstammung gemacht haben, eine gewisse Ängstlichkeit und einen höchst apologetischen Reflex unter liberalen Menschen ausgelöst hat – darunter auch bei manchen liberalen Juden. Aber darf man denn den *Mißbrauch* einer Idee dazu benutzen, die Idee selbst zu verwerfen? Tatsache ist und bleibt, daß sich Juden in der Vergangenheit nie geschämt haben, sich als die physischen, biologischen „Nachkommen Isaaks" zu betrachten. Das ist schließlich die Bedeutung des Begriffs „jüdisches Volkstum".

Dieses „Volkstum" ist nur ein anderer Name für die große und umfangreiche Familie, die *Mischpachah,* die von Isaak abstammt. Es ist Jahrtausende älter als die modernen Definitionen von „Nation", „Nationalität" und „Rasse", von denen die meisten aus dem 19. Jahrhundert stammen, und hat nichts mit ihnen zu tun. Juden haben seit der Antike in verschiedenen politischen Strukturen gelebt. Sie waren Angehörige von nomadischen Stämmen, die bodenständige Bevölkerung einer hebräischen Monarchie, Gemeinden von Exilanten in Babylonien (von denen nur sehr wenige in das alte judäische Heimatland zurückkehrten, als die Möglichkeit einer Rückkehr sich bot), judäische Patrioten in einem von den Römern besetzten Palästina, römische Bürger, die der jüdischen Religion angehörten, eine intellektuelle Elite im muslimischen Spanien, Parias im mittelalterlichen Ghetto, Deutsche, Engländer, Franzosen, Amerikaner jüdischen Glaubens; Angehörige einer verfolgten Minorität in Osteuropa, Bürger eines unabhängigen Staates Israel und Bürger der Demokratien des Westens. Die politischen Strukturen der jüdischen Existenz waren nie einförmig und haben sich im Laufe der Jahrtausende stets geändert. Aber das Selbstbewußtsein, „Nachkommen Isaaks" zu sein, blieb stets unveränderlich.

Wie andere Familien hatte auch die umfangreiche jüdische Familie manchmal ein schwarzes Schaf aufzuweisen. Nicht jedes Familienmitglied hat allen Erwartungen der Familie entsprochen. Und wie viele, aber gewiß nicht alle anderen Familien, hat auch die jüdische Familie Außenstehende in die Familie aufgenommen und hat sie und ihre Kinder als regelrechte Familienmitglieder begrüßt und behandelt. Gewiß, die „Aufnahmebedingungen" waren spezifiziert und nicht dem Zufall oder dem subjektiven Gefühl überlassen. Aber in der Entwicklung der Familie wurden dennoch einige Schranken, die einst die Aufnahme von bestimmten Konvertiten hinderten [5], beiseite geschoben.[6] Es ist nicht nur die Bibel, die eine Moabiterin als Urgroßmutter von König David nennt.[7] Auch die rabbinische Tradition läßt einige der wichtigsten Architekten des rabbinischen Judentums, wie Rabbi Akiba[8] und Rabbi Meir[9], von heidnischen Konvertiten zum Judentum abstammen. Und da soll der jüdische Familienstolz mit modernen „Rassentheorien" verwechselt werden!

Der Stolz, „Nachkommen Isaaks" zu sein, wurde von Erinnerungen an eine gemeinsame Geschichte und auch von gemeinsamen religiösen Überzeugungen einer ganz kühnen Art genährt. Die gemeinsame Geschichte war nicht immer eine von Leiden und Verfolgungen. Im Gegensatz zu dem, was man aus vielen mittelalterlichen und modernen Darstellungen der jüdischen Geschichte folgern könnte, hat es auch längere Perioden der Ruhe und der geistigen Schöpfung im jüdischen Leben der Vergangenheit gegeben. Aber selbstverständlich hat es auch andere Perioden gegeben. Für diese war der Topos „Isaak, der auf dem Altar gebunden wurde", prototypisch. Und in diesen Perioden wurde auch die Überzeugung gestärkt, daß alle Mitglieder der Familie sich gegenseitig zu Hilfe kommen müssen. Auch auf den im Talmud ausgesprochenen Satz, daß „alle Israeliten füreinander verantwortlich sind"[10], wurde und wird großer Wert gelegt.

Was nun die gemeinsamen religiösen Überzeugungen angeht, so handelt es sich um nichts weniger als die Behauptung, daß der monotheistische Glaube selbst, mit all seinen expliziten und impliziten universalistischen Konsequenzen, was seine Lebenskraft und -fähigkeit angeht, von der fortdauernden Existenz der „Nachkommen Isaaks", der jüdischen Glaubensgemeinschaft, abhängig ist.

„Ihr seid Meine Zeugen", sprach der Prophet Deuterojesaja im Namen Gottes zu dem Volk Israel, „daß Ich Gott bin."[11] Dazu bemerkten die alten Rabbinen: „Wenn ihr Meine Zeugen seid, dann bin Ich Gott. Aber wenn ihr nicht Meine Zeugen seid, dann, wenn man nur so sagen könnte *(kibhejakhol),* bin Ich nicht Gott."[12] Partikularistisch um des Universalismus willen zu sein, sich eines Universalismus anzunehmen, der den Fortbestand des Eigenen, des Partikularen nicht bedroht, – das ist die Familientradition der „Nachkommen Isaaks".

Juden sind „Kinder Abrahams", d. h. sie sind Mitglieder der universalen Gemeinschaft derer, die an den Einen Gott glauben; und sie sind „Nachkommen Isaaks", d. h. Mitglieder einer ganz bestimmten menschlichen Familie, nämlich des jüdischen Volkes.

„Gemeinde Jakobs". Weder der universale Glaube noch die Zugehörigkeit zu einer bestimmten Familie allein haben die Juden zu dem gemacht, was sie sind. Ein drittes Element gehört mit zu der jüdischen Selbst-Definition; und dieses Element wird durch die Bezeichnung „Gemeinde Jakobs" angesprochen.

Das Wort „Gemeinde" (hebräisch: *'edah*) ist ein verhältnismäßig spätes Wort im biblischen Hebräisch. Es ist nach der Ansicht der kritischen Bibelwissenschaft ein charakteristisches Wort der sog. Priesterschrift im Pentateuch. [13] Nach Robert H. Pfeiffer war es die Absicht der Priesterschrift, „die Juden zu einer Art von Mönchsorden zu machen, der in der Welt lebt, aber abgesondert von Außenseitern ist, unter seinen eigenen Regeln steht und theoretisch den sich wandelnden politischen Verhältnissen unzugänglich ist." [14]

Vielleicht ist die Bezeichnung „Mönchsorden" hier nicht besonders glücklich gewählt, wenn man unter „Mönchsorden" so etwas wie Askese, Zölibat und Vermeidung der Bequemlichkeit versteht. Die Priesterschrift sieht im Gegenteil eine ganz normale menschliche Gesellschaft vor, in der die Menschen heiraten und ihren gewöhnlichen Berufen nachgehen, – eine Gesellschaft, die allerdings unter der direkten Herrschaft Gottes steht. Organisatorisch ist diese Gesellschaft eine Theokratie mit einem erblichen Priestertum, das sowohl den Kult als auch das Gesetz verwaltet.

Es wird allgemein in wissenschaftlichen Kreisen angenommen, daß die Priesterschrift die Verfassung des zweiten judäischen Staates darstellt, der von den aus Babylon zurückgekehrten Exilanten gegründet wurde. Diese Rückkehrer gründeten ihr Gemeinwesen unter persischer Oberherrschaft und kümmerten sich weniger um die äußeren Anzeichen eines politischen Nationalstaates als um das religiöse Leben einer Gesellschaft, die es mit dem Königtum Gottes ernst machen will.

In den Kapiteln 8 bis 10 im biblischen Buch Nehemia haben wir tatsächlich einen Bericht über die Nationalversammlung am Anfang des zweiten jüdischen Staates, in der das „Gesetz des Mose" als Staatsverfassung angenommen wurde. Wichtig sind hier die Worte in Neh 10,33: „Wir haben Pflichten übernommen". Es ist bemerkenswert, daß, anders als die biblischen Erzählungen über die sinaitische Offenbarung, der einfache und prosaische Bericht im Buche Nehemia von keinen Blitzen und Donnern spricht, von keinen vulkanischen Bergen oder Erdbeben. Es wird nur ganz schlicht erzählt, daß, als Reaktion auf die Lage, in der sie sich befanden, das Volk und seine religiösen Führer sich gewisse Pflichten auferlegten, wobei das hier gebrauchte hebräische Wort für Pflicht *mizwah* lautet.

Mizwah (Plural: *mizwoth*) ist ein wichtiges Wort im Judentum. Es bedeutet „Pflicht", aber auch „Gebot" und „gute Tat". Später in der jüdischen Geschichte zählten die Gesetzeslehrer des Judentums 613 *mizwoth* auf, von denen 248 Gebote und 365 Verbote waren. Bei *mizwoth* handelt es sich um moralische Imperative, um eine Lebensweise der Selbstdisziplin, um die Poesie des täglichen Lebens, um Feiern von gemeinsamen geschichtlichen Erinnerungen – also um einen besonderen Lebensstil sowohl sittlicher als auch ritueller Art, durch den sich die Mitglieder der „Gemeinde der Israeliten", wie die Priesterschrift sie jetzt nennt, gegenseitig als Brüder und Schwestern erkennen und auch von Außenstehenden als Mitglieder der „Gemeinde der Israeliten" erkannt werden können.

Diese *mizwoth* sind nicht statisch zu verstehen. Obwohl die Priesterschrift wahrscheinlich ein Monopol des Priestertums auf die Verwaltung des Gesetzes beabsichtigte, haben dennoch in späteren Generationen Laien-Gelehrte mit Erfolg dieses Monopol des Priestertums streitig gemacht. Gelehrsamkeit, nicht Geburt sollte von nun an die einzige Befähigung derjenigen sein, die das Gesetz verwalteten – und auch *interpretierten*. Die „Interpretation" fungierte auch als Mechanismus für Fortschritt und Entwicklung, für die ständige Anpassung der *mizwoth* an die sich fortwährend ändernden Lebensumstände. So lief die Entwicklung von biblischer Religion über die pharisäische Religion zur rabbinischen Religion. Während die Priesterschrift, ja der ganze Pentateuch immer als göttlich geoffenbarte Verfassung angesehen wurde, konnten doch die darin enthaltenen Verordnungen immer wieder von den *recte* ordinierten Rabbinen neu interpretiert werden. Auf diese Weise wurde das Judentum davor bewahrt, in einen engen und buchstabengläubigen biblischen Fundamentalismus zu entgleisen.

Was die Priesterschaft *'adath bené jisrael*, „Gemeinde der Israeliten" nennt, heißt in dem von uns am Anfang dieses Kapitels zitierten Gebet: *'adath ja'aqobh*, „Gemeinde Jakobs". Wenn daher das zitierte Gebet die Juden nicht nur „Kinder Abrahams" und „Nachkommen Isaaks", sondern auch noch „Gemeinde Jakobs" nennt, dann scheint es doch klar ausdrücken zu wollen, daß, zusätzlich zu dem Glauben und dem Volkstum, auch ein gemeinsamer Kultus und eine gemeinsame sittliche und rituelle Praxis notwendig sind, um die Juden richtig als Juden zu definieren. Deshalb nennen sich auch die Synagogengemeinden in aller Welt: *qehillah qedoschah*, „Heilige Gemeinde".

Die „dreifache Schnur" (Koh 4,12) von „Kinder Abrahams", „Nachkommen Isaaks" und „Gemeinde Jakobs" blieb bis Ende des 18. Jahrhunderts die ganze jüdische Geschichte hindurch bestehen. Sie definierte die jüdische Identität und beherrschte das jüdische Leben.

Will man die jüdische Glaubensgemeinschaft als „Volk" bezeichnen, dann muß man sofort hinzufügen, daß ihr „Volkstum" ein *religiöses* Volkstum ist. Hier erinnern wir uns an das, was bereits im fünften Kapitel dieses Buches angedeutet wurde, an die Antwort des Jona auf die Frage: „Woher kommst du, aus welchem Land und aus welchem Volk?" Die Antwort lautete: „Ich bin ein Hebräer und verehre den Herrn, den Gott des Himmels, der das Meer und das Festland gemacht hat"[15]; an die Erklärung des Sa'adja Gaon, des ersten systematischen jüdischen Theologen: „Unser Volk ist ein Volk nur wegen seiner religiösen Vorschriften"[16]; und an die so unerwartete Auskunft, die uns Theodor Herzl, der Gründer des *säkularen* Zionismus, erteilt: „Wir erkennen unsere historische Zusammengehörigkeit nur am Glauben unserer Väter ...."[17]

Wenn das jüdische „Volkstum" ein religiöses Volkstum ist, so ist es ebenso wahr, daß es sich bei der jüdischen Religion um eine im Leben des Volkes verankerte Religion handelt. Während einige Religionen dem Einsiedler, der die menschliche Gesellschaft meidet und sich in die Wüste oder eine Höhle zurückzieht, um dort seine Religion in herrlicher Einsamkeit zu praktizieren, einen hohen Grad der Heiligkeit zuschreiben, könnte ein derartiger Einsiedler kaum in Einklang mit dem *jüdischen* Ideal der Heiligkeit leben. Die sittlichen und ethischen *mizwoth* setzen voraus, daß sie innerhalb einer *Gesellschaft* ihre Erfüllung erfahren; und manche der wichtigsten liturgischen Handlungen im Judentum können nur bei Anwesenheit eines *minjan* (Quorums) von zehn

Erwachsenen, die als Repräsentanten der ganzen Glaubensgemeinschaft Israels gelten, vollzogen werden.

Allerdings hat es auch einmal eine Zeit gegeben, in der das monastische Ideal gewisse jüdische Sektierer anzog. Sie verließen Jerusalem und siedelten sich in Qumran, an der Küste des Toten Meeres an – und haben uns die sog. „Schriftrollen vom Toten Meer" hinterlassen. Jedoch heißt eine dieser Schriftrollen *Serekh Hajachad*, „Die Regel der Gemeinschaft"![18] Als Juden aus der Stadt in die Wüste flüchteten, gründeten sie notwendigerweise eine *Gemeinschaft* derer, die vor der Gemeinschaft flüchteten. Man kann einfach nicht Jude in der Einsamkeit sein. Das Judentum ist eine „soziale" Religion.

„Kinder Abrahams", „Nachkommen Isaaks" und „Gemeinde Jakobs": Die Juden, die im Laufe der Geschichte *Juden* geblieben sind, waren Menschen, die an der „dreifachen Schnur" festhielten. Gewiß gab es auch andere, die als Juden anfingen, aber meinten, ohne diese oder jene Komponente der „dreifachen Schnur" auskommen zu können. Sie sind aus dem Judentum verschwunden.

Es kann z. B. kein Zweifel darüber bestehen, daß die ersten Christen im vollen Sinne des Wortes Juden waren. In Glaubensfragen waren sie „Kinder Abrahams". (Daß sie den erwarteten Messias in Jesus von Nazareth sahen, war vom jüdischen Standpunkt aus gesehen genauso wenig Häresie wie Rabbi Akibas Meinung, daß Bar Kokheba der verheißene Messias war. Akibas Kollegen mögen sich über den Rabbi lustig gemacht haben, aber verketzert haben sie ihn nicht.) Was die biologische Abstammung betrifft, so waren die ersten Christen zweifellos „Nachkommen Isaaks". Und in ihrer religiösen Praxis hielten sie sich völlig an die Verfassung der „Gemeinde Jakobs". Spätere Christen haben dann bekanntlich eine Theologie entwickelt, die von den meisten anderen Juden als unvereinbar mit der spezifisch jüdischen Art des Monotheismus angesehen wurde. Aber schon lange bevor sich diese Theologie herauskristallisierte, gab es Tendenzen in der frühen Kirche, welche die Mitgliedschaft der christlichen Juden in der Familie der „Nachkommen Isaaks" und der „Gemeinde Jakobs" ernstlich in Frage stellten.

Die „Familie" hatte, wie wir oben gesehen haben, nichts dagegen, Außenstehende in die „Familie" aufzunehmen. Aber diese Außenstehenden mußten sich zuerst gewissen „Aufnahmebedingungen" fügen. Die Kirche änderte diese „Aufnahmebedingungen". Die „Gemeinde Jakobs" lebte unter einer Verfassung von *mizwoth*. Die Kirche, immer konsequenter den Lehren des Apostels Paulus folgend, fand im Glauben an den Messias, der gekommen war, einen Ersatz für die Beobachtung der *mizwoth*. Daher mußte das Christentum gezwungenermaßen aufhören, eine *jüdische* Sekte zu sein. Es wurde stattdessen eine unabhängige, nicht-jüdische Religion. Deshalb können Juden immer noch in den Christen Brüder und Schwestern erkennen, die auch zu den „Kindern Abrahams" gehören. Aber Juden teilen mit Christen nicht mehr die Familientradition der „Nachkommen Isaaks" und den von den *mizwoth* bedingten Lebensstil der „Gemeinde Jakobs".

Ähnlich erging es der Sekte der Karäer. Sie entstand unter den Juden im 8. Jahrhundert und wurde von Männern gegründet, die im vollsten Sinne des Wortes Juden waren. Der einzige Unterschied zwischen ihnen und den anderen Juden bestand darin, daß die Karäer die rabbinische Auslegung der Torah verwarfen. Sie meinten, das Wort Gottes nur in der Bibel, aber nicht im Talmud zu finden. Das mag ein erheblicher theologischer Unterschied gewesen sein, aber er berührte in keiner Weise die anderen Elemente der jüdischen Glaubensstruktur. Wie die anderen Juden waren auch die Karäer strenge Monotheisten. Sie glaubten an die Offenbarung Gottes und an das Kommen eines Messias. Sie leisteten wichtige Beiträge zum Studium der hebräischen Grammatik, und sie waren leidenschaftliche „Liebhaber von Zion" – vielleicht sogar noch leidenschaftlicher als ihre rabbinischen Gegner. Dennoch verursachte ihre Verwerfung der rabbinischen Tradition im Laufe der Zeit das Zustandekommen eines karäischen Ehe- und Scheidungsrechtes, das sich von den entsprechenden Prozeduren der anderen Juden unterschied. Die Konsequenz war, daß die anderen Juden, die der rabbinischen Tradition die Treue hielten, mit den Karäern schließlich keine Ehen mehr eingehen konnten. Das bedeutete nun aber, daß der Status der Karäer als *bona-fide*-Mitglieder der Familie der „Nachkommen Isaaks" bestritten wurde –

wie auch ihrerseits die Karäer einige von den Rabbinen erlaubten Ehen als gesetzeswidrig betrachteten.

Hinzu kam, daß die Karäer, zusammen mit der Absage an die rabbinische Interpretation der Torah, sich auch von dem Kalender des rabbinischen Judentums abwandten. Sie hielten weiterhin alle biblischen Festtage ein, aber die Kalendertermine, an denen sie diese Feste feierten, stimmten nicht mehr mit den Terminen überein, an denen die anderen Juden diese Feiertage hielten. Und das mußte notwendigerweise den Status der Karäer als Mitglieder der „Gemeinde Jakobs" sehr beeinträchtigen. Als häretische Sekte haben sie, anders als die Christen, das Judentum nicht total verlassen. Aber sie fristen ihr Dasein an der Peripherie des Judentums, sind auf eine verhältnismäßig kleine Anzahl reduziert und werden normalerweise nicht mehr der jüdischen Glaubensgemeinschaft zugerechnet.

Nicht alle Neuerer im Laufe der jüdischen Geschichte haben das Schicksal der Christen oder der Karäer geteilt. Im Mittelalter hat es heftige Kämpfe zwischen den jüdischen Rationalisten und den jüdischen Antirationalisten gegeben. Im 18. Jahrhundert lagen die Chassidim mit ihren Gegnern, den sog. *Mithnaggedim*, im Streit. In der Entwicklung des Judentums gab es auch oft erhebliche Meinungsunterschiede über die „richtige" Interpretation der Bibel und des Talmuds, über den mystischen *Sohar* und andere mystische Schriften, über die Zulässigkeit des Philosophiestudiums und über liturgische Neuerungen. Aber in all diesen Kämpfen waren die Wortführer und Anhänger *beider* Seiten immer den „Kindern Abrahams", den „Nachkommen Isaaks" und der „Gemeinde Jakobs" ergeben. Das ist vielleicht der Grund dafür, daß in der Vergangenheit, wenn eine Neuerungsbewegung ihren Beitrag zum Judentum geleistet hatte, ihre Lehren und oft auch ihre Praktiken vom Hauptstrom des Judentums aufgenommen und verarbeitet wurden, sozusagen als Bereicherung der jüdischen Gesamtheit. In diesen Fällen kam es dann nicht zu Bildungen von jüdischen Sekten, die am Rand oder jenseits der Peripherie des Judentums landeten.

Seit dem 18. Jahrhundert hat sich vieles geändert. Die „dreifache Schnur" hat hier und da Risse erlitten. Der Zionismus, der in seiner säkularen Form eine jüdische Existenz auch ohne Glauben und religiöse Tradition gelten läßt und in seiner religiösen Form gelegentlich in eine „Blut-und-Boden"-Theologie ausarten kann; das amerikanische Reformjudentum, das in letzter Zeit, trotz Wiederaufnahme einiger einst abgeschaffter Zeremonien, immer energischer die Familienbande der „Nachkommen Isaaks" und die *mizwoth* der „Gemeinde Jakobs" von sich weist und manchmal sogar Zweifel daran aufkommen läßt, ob es noch, wie früher, das monotheistische Gemeingut der „Kinder Abrahams" mit vollem Herzen bejaht; und eine Orthodoxie, die das Dynamische in der rabbinischen Tradition – gar im Namen dieser Tradition! – nicht anerkennt: Sie alle machen mich oft traurig und stimmen mich manchmal recht pessimistisch. Wir haben am Anfang dieses Buches gesehen, daß das Judentum weiter fortbestehen konnte, selbst als einer der drei Grundpfeiler, von denen Simeon der Gerechte sprach, abhanden gekommen war. *Möglich* ist es natürlich, daß eine Form des Judeseins auch beim Fehlen der einen oder anderen Komponente der „dreifachen Schnur" fortbestehen mag. Ich will hier gewiß nicht als Prophet auftreten. Ich fürchte nur, daß ich – wenn ich eine derartige Reduzierung des Judeseins noch miterleben sollte – auf diese Erscheinungsform mit den Worten des Stammvaters Jakob reagieren würde: „Zu ihrem Kreis mag ich nicht gehören, mit ihrer Rotte vereinige sich nicht mein Herz." [19]

Inzwischen tröste ich mich aber mit den Worten eines vom tiefsten Pessimismus beseelten, apokalyptischen Kapitels der *Mischnah,* in dem es am Ende dennoch heißt:

Und auf wen können wir uns noch stützen?

Auf unseren Vater im Himmel! [20]

IX

Mein Judesein und das Neue Testament

Es gibt Juden, deren Judesein sich innerhalb einer rein jüdischen Umgebung erschöpft und die daher, als Juden, kaum von der nichtjüdischen Welt Notiz nehmen. Das ist bei mir nicht der Fall. Ich bin mir bewußt, daß ich in einer nichtjüdischen, in meiner Umgebung hauptsächlich christlichen Welt lebe, und das Verhältnis meines Judeseins zu dieser Welt beschäftigt mich seit langer Zeit. Wie im dritten Kapitel dieses Buches berichtet, war es Leo Baeck, der mich in das wissenschaftliche Studium des *Midrasch* einführte und in diesem Zusammenhang auf die Wichtigkeit des Christentums für ein richtiges Verständnis des *Midrasch* hinwies. Später war es Samuel S. Cohon, der mich in das wissenschaftliche Studium des Neuen Testaments einführte. Meine Magister-Arbeit, die ich bei Cohon schrieb, machte mich mit den Kirchenvätern bekannt, und mein starkes Interesse am Christentum ist im Laufe der Zeit nur noch gewachsen. Mein Lehrstuhl für jüdisch-christliche Studien am Hebrew Union College und meine aktive Teilnahme am christlich-jüdischen Gespräch, besonders im Deutschland der Nachkriegszeit, lassen kaum einen Tag vergehen, an dem das Christentum nicht irgendwie ein Thema meiner Beschäftigung ist. Da ich des öfteren von christlichen Freunden gefragt werde, wie ich denn, als moderner Jude, das Neue Testament lese, möchte ich mir und anderen hier darüber Rechenschaft ablegen.

Daß sich ein Jude überhaupt freiwillig mit der Lektüre des Neuen Testaments beschäftigt, ist eine Errungenschaft unseres Zeitalters. Vor der Neuzeit war das Neue Testament kein Gegenstand der jüdischen Lektüre. Selbst das Lesen der *jüdischen* Apokryphen war im rabbinischen Judentum verpönt[1], geschweige denn das Lesen der Schriften einer Religion, die, nach

Erlangung der Staatsgewalt, Juden und Judentum mörderisch verfolgte.

Im Talmud scheinen sich zwei Stellen direkt auf das Neue Testament zu beziehen:

1. Im babylonischen Talmud, *Schabbath* 116a, heißt es, daß man am Sabbat häretische Schriften und die *giljonim* bei einem Feuerbrand nicht retten darf. Nun wird das Wort *giljonim* (wahrscheinlich: „Seitenränder") von einigen Autoren mit dem Wort „Evangelien" in Verbindung gebracht, woraus zu schließen wäre, daß die Evangelien *expressis verbis* im Talmud erwähnt werden. Es ist jedoch nicht hundertprozentig sicher, daß das die Bedeutung von *giljonim* ist.

2. Auch im babylonischen Talmud, *Schabbath* 116a,b, wird einem nichtjüdischen Richter der Satz in den Mund gelegt: „Ich bin nicht gekommen, um die Torah des Mose zu verringern oder ihr etwas hinzuzufügen". Da dieser Satz an Matthäus 5,17 anklingt („Denkt nicht, ich sei gekommen, um das Gesetz und die Propheten aufzuheben ..."), wird von einigen Autoren angenommen, daß hier ein tatsächliches Zitat aus dem Neuen Testament seinen Platz im Talmud gefunden hat. Eine direkte Beziehung dieser und ähnlicher Stellen auf Jesus und das Christentum wird jedoch von Johann Maier sehr stark bezweifelt.[2]

Um das 8. Jahrhundert herum entstand eine jüdische Parodie auf die Evangelien, *Toledoth Jeschu* („Die Geschichte von Jesus"), welche interessanterweise die Wunder Jesu keineswegs leugnete, sie aber der Tatsache zuschrieb, daß sich Jesus mit Anwendung von List den geheimnisvollen Namen Gottes verschafft hatte, mit dem er dann seine Wunder vollbrachte.[3]

Christliche Missionsversuche unter den Juden des Mittelalters machten die Juden mit christologischen Auslegungen der Hebräischen Bibel vertraut und riefen eine jüdische Abwehrliteratur hervor. Einige jüdische Apologeten und Polemiker des Mittelalters, wie auch einige jüdische Bibelexegeten, waren gewiß mit dem Neuen Testament vertraut, denn sie zitieren es manchmal sogar in lateinischer Sprache, um christliche Angriffe auf das Judentum zurückzuweisen. Der gewöhnliche Jude im Mittelalter wird aber wohl kaum je das Neue Testament gelesen haben.

Die bürgerliche Gleichberechtigung der Juden des Westens am Ende des 18. und Anfang des 19. Jahrhunderts sowie der Eintritt der Juden in die allgemeine Kultur brachten die Möglichkeit einer Lektüre des Neuen Testaments den Juden des Westens näher als alle christlichen Missionsversuche der vorangehenden Jahrhunderte – was aber nun *nicht* bedeutet, daß sich *alle* Juden des Westens an diese Lektüre herangemacht haben. Von denjenigen Juden, die jetzt eine Lektüre des Neuen Testaments wagten, konnten sich einige immer noch nicht ganz von den Erinnerungen an Jahrhunderte christlicher Judenverfolgungen befreien. Sie suchten daher den Zusammenhang zwischen diesen Judenverfolgungen und dem Neuen Testament, und sie formulierten ihren Eindruck etwa auf folgende Weise: „Das Neue Testament ist neu und gut. Aber was gut ist, ist nicht neu; und was neu ist, ist nicht gut". In einem weit höflicheren Ton, jedoch nicht weniger abweisend, formulierte noch im Jahre 1956 der berühmte amerikanische Reformrabbiner und Zionistenführer Abba Hillel Silver (1893–1963) diesen Standpunkt: „Das Judentum hat nichts in den Lehren Jesu zurückgewiesen, das, wenn das Judentum es angenommen hätte, seiner Größe eine einzige Elle hinzugefügt oder seinen Monotheismus und sein Moralgesetz verstärkt haben würde."[4]

Andere Juden dagegen suchten positivere Zugänge zum Neuen Testament und fanden folgende:

1. Das Neue Testament dient der Erhellung einer gewissen Periode in der jüdischen Entwicklungsgeschichte. Das Neue Testament und die rabbinische Literatur beleuchten sich gegenseitig. So ungefähr urteilte Abraham Geiger (1810–1874), der erste große Theoretiker des neu entstandenen Reformjudentums in Deutschland. Allerdings beklagte er auch ständig, daß sich die neutestamentliche Wissenschaft nicht genügend mit der rabbinischen Literatur befaßt.[5]

2. Die jüdisch-nationalistische Heimholung des Juden Jesus in sein jüdisches Volk. Es mangelte Jesus zwar ein gewisser nationaler Enthusiasmus, aber immerhin war er ein bedeutender Lehrer der jüdischen Ethik. So in etwa urteilte Josef Klausner (1874–1958) von der Hebräischen Universität in Jerusalem, der

bekannte Bücher über Jesus und Paulus schrieb. [6] Eine ähnliche Tendenz ist bei Schalom Ben-Chorin (geb. 1913) festzustellen, der in seinen populären Darstellungen von Jesus, Paulus und Maria dem christlichen Leser das Jüdische an diesen neutestamentlichen Gestalten demonstrieren möchte. [7]

3. Ostjuden, die mit der Kultur des Westens in Berührung kamen und die sich, ohne den jüdischen Gottesglauben aufzugeben, gegen den rigorosen Rabbinismus mit seiner Gesetzesfrömmigkeit auflehnten, sahen in Jesus den Durchbruch einer sich nicht im Rabbinismus erschöpfenden echt jüdischen Frömmigkeit. So spricht Martin Buber (1878–1965) von Jesus als seinem „großen Bruder", sieht aber in Paulus den Einbruch des „Unjüdischen" im Neuen Testament. [8] Schalom Asch (1880–1957) schrieb im Jahre 1943 seinen Jesusroman in jiddischer Sprache. [9]

4. Claude G. Montefiore (1858–1938), Mitbegründer eines radikalen Flügels im britischen Reformjudentum, den er „Liberal Judaism" nannte, vertritt den Glauben an eine „fortschreitende Offenbarung" Gottes, von der weder die Hebräische Bibel noch der Talmud das letzte Wort enthalten. Das Neue Testament tut es auch nicht. Dennoch ist das Neue Testament als *ein* Niederschlag der „fortschreitenden Offenbarung" ernst zu nehmen. [10] 1909 verfaßt Montefiore einen zweibändigen Kommentar zu den synoptischen Evangelien. [11] Persönlich akzeptiert er nicht alles, was im Neuen Testament steht, meint aber, daß hier und da das Neue Testament in religiöser und ethischer Hinsicht einigen der alten Rabbinen voraus ist. So schätzt er z. B. Jesu Ehescheidungsverbot viel höher ein als Hillels Erlaubnis der Ehescheidung auch in Fällen, wo kein Ehebruch vorliegt. Auch über Paulus schreibt Montefiore positiv, wenngleich er die Christologie und die Versöhnungslehre dieses Apostels ablehnt. [12]

Nach seinem Tode berichtete Montefiores Sekretärin, daß er tatsächlich eine Liste von neutestamentlichen Perikopen aufgestellt hatte, die sich zur Vorlesung bei jüdischen Gottesdiensten eignen würden. Veröffentlicht hat Montefiore diesen Lesezyklus nie, noch hat er in der von ihm mitbegründeten Synagoge je davon Gebrauch gemacht. Als er auf seinem Sterbebett lag, ließ er keinen Rabbiner, sondern seinen Freund Dr. Matthews, den Dekan der anglikanischen St. Paul's Kathedrale in London rufen. Der Dekan betete bei ihm das Vaterunser. Montefiore starb jedoch als bewußter Jude.

Typisch für Montefiores Einstellung zum Neuen Testament sind folgende Stellen aus seinem Buch *Umrisse des Liberalen Judentums:*

„Da wir nicht mehr an das Kommen von einem persönlichen Messias glauben und daher weder an die buchstäbliche Genauigkeit der messianischen Voraussagen der Propheten glauben und sie auch nicht lehren, brauchen wir uns den Kopf über die messianischen Ansprüche oder das messianische Bewußtsein Jesu nicht zu zerbrechen. Wenn er selbst *nicht* glaubte, daß er der Messias sei, dann würden seine Lehren über Gott und den Menschen in unseren Augen deswegen nicht besser sein. Und sollte er fälschlich wirklich gemeint haben, daß er der Messias sei, dann würden seine Lehren über Gott und den Menschen deswegen nicht schlechter sein. Das Problem seiner Messianität und was er darüber dachte, ist von großem psychologischem, historischem und biographischem Interesse. Aber für religiös-liberale Juden ist es – vom religiösen Standpunkt aus – von überhaupt keinem Interesse. Das Problem spielt bei ihnen keine Rolle. Es läßt sie kalt."[13]

„Ich kann mir nicht vorstellen, daß je eine Zeit kommen wird, wenn ,die Bibel' in europäischen Augen nicht mehr aus dem Alten *und* dem Neuen Testament bestehen wird, oder wenn die Evangelien weniger geschätzt werden als der Pentateuch, oder wenn man die Bücher der Chronik den Briefen Pauli vorziehen wird. Die Religion der Zukunft, so glaube ich, wird ein entfaltetes und geläutertes Judentum sein. Aber bei diesem entfalteten und geläuterten Judentum werden die Urkunden nicht fehlen, die, wenn auch unvollständig, von dem vielleicht größten und gewiß mächtigsten und einflußreichsten Lehrer des Judentums berichten. ... Wenn der jüdische Monotheismus erst einmal die ganze Welt erobert hat, dann wird ,die Bibel' der ganzen Welt sowohl das Alte wie auch das Neue Testament enthalten."[14]

Großen Widerhall hat Montefiore – selbst bei seinem radikalen Flügel des Reformjudentums – mit seiner Einschätzung des Neuen Testaments nicht gefunden.

5. Leo Baeck (1873–1956) sah im Evangelium ein jüdisches Buch, auch wenn er – wie die alte „Tübinger Schule" – Jesus als Juden, Paulus aber als Begründer eines nichtjüdischen Christentums betrachtete. Im Jahre 1938 erschien Baecks Buch über das Evangelium als Urkunde der jüdischen Glaubensgeschichte. Es enthält Baecks Rekonstruktion des Evangeliums, so wie sich Baeck das Urevangelium vorgestellt hatte. Alles, was eine Parallele in der Hebräischen Bibel oder in der rabbinischen Literatur hatte, ließ Baeck als Wort Jesu gelten. Was aber im schroffen Widerspruch zu der rabbinischen Lehre stand, betrachtete Baeck als eingefügte Glossen der späteren Kirche. [15] Interessanterweise vertrat der evangelische Neutestamentler Rudolf Bultmann (1884–1976) den gerade entgegengesetzten Standpunkt: Authentisch jesuanisch seien nur diejenigen Aussprüche Jesu im Neuen Testament, die mit dem rabbinischen Judentum im Widerspruch standen. [16] Methodologisch gesehen, unterliegen sowohl Baeck wie auch Bultmann derselben Kritik. Beide machten sich an das Neue Testament mit nicht bewiesenen Voraussetzungen heran – und fanden dann im Text das, was sie finden wollten. Beide haben trotzdem unser Verständnis des Neuen Testaments erweitert: Baeck durch seine Betonung der jüdischen Grundlage, Bultmann durch seine existentialistische Exegese.

Wenn ich jetzt zu meiner eigenen Einstellung komme, so muß ich zunächst unterstreichen, daß es tatsächlich *meine* eigene Einstellung ist. Eine Einstellung *des* modernen Juden gibt es nicht, denn *den* modernen Juden gibt es nicht, wie es auch *den* Juden in der Vergangenheit nicht gegeben hat. So leicht machen einem *die* Juden die Sache nicht, nicht in der Vergangenheit und auch nicht heute. Es mag sein, daß sich andere moderne Juden meiner Meinung anschließen. Ich weiß, daß das bei einigen von ihnen der Fall ist. Ich weiß auch, daß es bei vielen anderen nicht der Fall ist.

Ich habe von *allen* hier zitierten Autoren etwas gelernt.

1. Von Leo Baeck, der ja in der Tat mein Lehrer war, habe ich gelernt, daß das Evangelium eine Urkunde der jüdischen Glaubensgeschichte ist. Deshalb lese ich die Evangelien am liebsten in der hebräischen Übersetzung von Franz Delitzsch (1813–1890),

auch wenn die „frohe Botschaft" ursprünglich wahrscheinlich in Aramäisch, einer anderen semitischen Sprache, verkündet worden ist. Obwohl ich natürlich Aramäisch gelernt habe, denn die rabbinische Literatur ist zu einem Großteil in aramäischer Sprache verfaßt worden, geht es doch bei mir auf Hebräisch leichter. So bekomme ich sowohl die Originalität des Meisters von Nazareth als auch seine Zugehörigkeit zum jüdischen Milieu zu spüren. Das heißt: bei den Synoptikern! Beim Johannesevangelium wird es schon etwas schwieriger, und bei den Briefen des Paulus gibt die hebräische Übersetzung nicht mehr her als die englische oder die deutsche. Paulus denkt eben griechisch. Was nicht sagen will, daß ich Paulus als Juden nicht verstehen kann. Als ehemaliger orthodoxer Rabbinerschüler, der sich von der jüdischen Orthodoxie abgewandt hat, kann ich so manches, wovon Paulus schreibt, nachvollziehen. Manches, aber nicht alles.

2. Mit Abraham Geiger lese ich das Neue Testament in seinem historischen Zusammenhang und erkenne in ihm ein wichtiges Dokument zur religiösen Zeitgeschichte – ein Zeugnis der *Vielfältigkeit* des damaligen Judentums, in dem die Pharisäer nur *eine* Gruppe bildeten. Die Christen bildeten eine andere, die teilweise aber auch von pharisäischen Lehren beeinflußt wurde.

3. Obwohl ich nicht Zionist bin und dem „jüdischen" Nationalismus fernstehe, erkenne ich doch Josef Klausners „Heimholung" Jesu in sein jüdisches Volk hoch an. Klausner ließ sich eben nicht von der – für die Juden oft recht schrecklichen – Wirkungsgeschichte des Neuen Testaments davon abhalten, das Jüdische in Jesus und im Neuen Testament zu sehen. Klausner meinte, daß er sich das als bewußter Nationaljude im jüdischen Land erlauben konnte. Ich dagegen meine, daß ich mir das als bewußt nicht-zionistischer Jude in der jüdischen Diaspora auch erlauben kann.

4. Ich kann auch mit Martin Buber und Schalom Asch sympathisieren, wenn sie in Jesus einen Vertreter des urjüdischen Geistes sehen, für den die rabbinische Formulierung des Gesetzes *nicht* das Alpha und Omega der göttlichen Offenbarung darstellt, obwohl ich persönlich der *halakhah*, d. h. dem jüdischen Religionsgesetz, einen weit größeren Wert beimesse als Buber und Asch es möglich fanden. Auch bin ich nicht davon überzeugt, daß

Jesus tatsächlich das Gesetz als solches „durchbrochen" hat, wenn er sich auch mit den Pharisäern über Einzelheiten des Gesetzes gestritten hat. Das taten ja die Pharisäer unter sich oft genug. Sogar bei Paulus, obwohl er Konvertiten aus dem Heidentum stark davon abriet, sich dem jüdischen Religionsgesetz zu unterwerfen, bin ich mir gar nicht so sicher, ob er auch die als Juden geborenen Christen vom jüdischen Religionsgesetz dispensieren wollte. Ja, ich habe manchmal sogar den Verdacht, daß Paulus selbst bis zu seinem Lebensende am Pessachfest ungesäuertes Brot *(mazzah)* gegessen und am Versöhnungstag gefastet hat.

5. Mit Claude G. Montefiore gehe ich eine Strecke des Weges gemeinsam. Auch ich glaube an eine Entfaltung und Entwicklung des Judentums, wenn auch nicht unbedingt in Richtung von Montefiores radikalisiertem Reformjudentum, und ich bin auch davon überzeugt, daß Gott sein letztes Wort noch nicht gesprochen hat. Mit Montefiore kann ich so manches religiös Wertvolle im Neuen Testament sehen. Ob aber die zukünftige Religion der Menschheit aus einem entfalteten und geläuterten Judentum bestehen wird, will ich einmal dahingestellt sein lassen. Bei all seinem Universalismus – viele Juden haben ihn eines *übertriebenen* Universalismus beschuldigt! – war Montefiore vielleicht dennoch ein bißchen zu „jüdisch-imperialistisch". Das ist ihm auch einmal von dem englisch-jüdischen Schriftsteller Israel Zangwill (1864–1924) mit großer Ironie vorgeworfen worden. [17] Es ist ja möglich, daß sich der liebe Gott die *Vielfalt* der Religionen auf die Dauer gefallen läßt, daß er also die Menschheit auf *verschiedenen* Wegen zu sich führt und, um es mit dem Johannesevangelium auszudrücken, daß er die Menschen in den vielen und verschiedenen Wohnungen seines Hauses wohnen läßt. [18]

Wenn man von der „Bibel" der zukünftigen Menschheit spricht, dann müßte man schon an eine Bibel-*Bibliothek* denken, die – neben der Hebräischen Bibel und dem Neuen Testament – auch noch den Koran, die Upanischaden, die Avesta und all die anderen heiligen Schriften der Menschheit enthält. Das ist aber weit mehr als das, was auf dem Lesepult einer Synagoge oder einer Kirche Platz haben würde. So etwas gehört eher in die Synagogen- oder Kirchenbibliothek, wo es allerdings schon *jetzt* hingehört.

Die einzelnen Religionen sollten in ihren Gottesdiensten bei ihren eigenen heiligen Schriften bleiben, um ihren historischen Charakter zu bewahren. Das bedeutet ganz und gar nicht, daß man es dem lieben Gott verwehrt, sich anderen Menschengruppen in immer neuen Gottesbünden zu offenbaren.[19] Ich kann ja die Frau meines Nachbarn hübsch finden, ohne sie unbedingt mit mir nach Hause führen zu wollen.

Die Hebräische Bibel ist für das Judentum sozusagen nur die „Gründungsurkunde". Sie wird, selbst von den orthodoxen Juden, nicht rein wörtlich verstanden, denn zu dieser Bibel gesellt sich die *Tradition*, die in der rabbinischen, aber auch in der philosophischen und in der mystischen jüdischen Literatur ihren schriftlichen Niederschlag gefunden hat. Und es ist bis jetzt noch keinem Juden eingefallen, in den Torahschrein der Synagoge die ganze zweitausendjährige nachbiblische jüdische Literatur zu stellen. So riesige Torahschreine gibt es auch gar nicht. Warum soll ich dann – mit Montefiore – beim Neuen Testament eine Ausnahme machen?

Jedes Wort der Torah, so heißt es im Judentum, kann auf siebzig verschiedene Arten erklärt werden.[20] Ich rechne daher mit der Möglichkeit, daß man im Neuen Testament *eine* dieser siebzig Arten antreffen mag. Es ist nicht die Art, welche sich die Mehrheit der Juden zu eigen gemacht hat. Es ist auch nicht die Art, die mir persönlich, unter Ausschluß der anderen neunundsechzig Arten, einleuchtet. Aber ich erkenne an, daß es sich beim Neuen Testament um *eine* Art handelt, in der die göttliche Botschaft an das biblische Israel von vielen, gewiß nicht von allen Menschen verstanden werden kann. Es ist eben eine Art, in der der Gott Israels, der Gott *aller* Menschen, einen Teil der nichtisraelitischen Menschheit zu sich gerufen hat; und es ist auch eine Art, die Anklänge an die mir persönlich mehr vertrauten Arten hat.

Dabei will ich aber das Neue Testament nicht „jüdischer" machen als es ist. Die Evangelien, wie wir sie im Neuen Testament vorfinden, sind *nach* den paulinischen Briefen entstanden und spiegeln bereits die paulinische Lehre wider. Sie setzen also das Jesusverständnis der paulinischen Kirche voraus. Wenn man das versteht, dann kann man die Trennung zwischen dem „jüdischen Jesus" und dem „christlichen Paulus", wie sie in der alten „Tübinger Schule" versucht wurde, nicht mehr nachvollziehen. Jesus ist der *Christus* auch für die Evangelisten – und das in einem Sinne, der das jüdische Messiasverständnis in all seiner Vielfältigkeit ein für allemal durchbricht.

Man kann natürlich den Versuch machen, zu raten, was für ein „historischer Jesus" dahinter steht, aber man muß sich dabei bewußt sein, daß man hier nur *raten* kann. Diesen Versuch mache ich selbst ziemlich oft. Aber notwendig für mein Verständnis der Lehre des Neuen Testaments ist dieser Versuch *nicht*. Ich kann es auch nicht vertragen, wenn mir jemand die im Neuen Testament erwähnten Wunder „natürlich" zu erklären sucht oder sie gar rationalistisch „wegerklärt". Mir geht es nämlich beim Neuen Testament genauso wie bei der Hebräischen Bibel darum, zu verstehen, was der Erzähler mit seinen Wundergeschichten ausdrücken will – und überhaupt nicht darum, ob es übernatürliche Wunder gibt oder ob derartige Wunder tatsächlich geschehen sind.

All das bedeutet, daß ich das Neue Testament mit den Augen eines Wissenschaftlers lese, wie ich auch als Akademiker die Hebräische Bibel und die rabbinische Literatur mit den Augen eines Wissenschaftlers lese. Ich bin ja schließlich nicht orthodox oder buchstabengläubig, und ich habe mich, was meinen religiösen Glauben betrifft, vor der Wissenschaft nicht zu fürchten. Dennoch lese ich die Hebräische Bibel mit einem etwas anderen Blick, als ich etwa Fragmente der vorsokratischen griechischen Philosophie oder das Geschichtswerk des Herodot lesen würde. Denn ich stehe ja in einer Tradition, die in dieser Bibel das Wort Gottes gehört haben will und die aufgrund dieser Literatur eine Weltanschauung und einen Lebensstil geschaffen hat, die ich als für mich gültig annehme.

Ähnlich, wenn auch nicht ganz gleichartig, geht es mir mit der Lektüre des Neuen Testaments, einer Literatur, der ich doch näher stehe als den heiligen Schriften anderer nichtjüdischen Religionen. Ich finde nämlich im Neuen Testament Verwandtes und auch Fremdes. Und so muß es auch sein. Denn diese Schriften sind von meinen eigenen Verwandten verfaßt worden. Sie stammen aus einer Welt, in der auch das mir näherstehende rabbinische Schrifttum entstanden ist, und sie bringen Kunde von dem Gott, der auch mein Gott ist. Es ist aber eine Kunde, die sich meines Erachtens an jene Mitmenschen wendet, die von der ursprünglichen sinaitischen Kunde unberührt geblieben sind und die nun auf dem Weg über den Kalvarienberg zu dem Gott vom Sinai geführt werden. Und das kann ich nur mit hoher Achtung und großem Respekt lesen. Das Neue Testament würde also sein Interesse für mich verlieren, wenn man es mir entweder „verjüdischen" oder „verheidnischen" wollte. Das Neben- und das Miteinander von Verwandtem und Fremdem gibt ihm eben gerade den Charakter, der mir die Lektüre des Neuen Testaments so interessant macht und mich über die geheimnisvollen Wege Gottes in Ehrfurcht staunen läßt.

So lese ich also als Jude das Neue Testament. Das darf aber nicht verallgemeinert werden. Viele Juden lesen das Neue Testament immer noch nicht. Leider lesen sie aber das sog. „Alte Testament" auch nicht, von den rabbinischen Schriften ganz zu schweigen. Es ist ihr Verlust. Andere Juden schrecken immer noch vor der Lektüre des Neuen Testaments zurück und werden weiterhin davor zurückschrecken, so lange jedenfalls, bis in allen Teilen der christlichen Kirche – nicht nur im Vatikan, sondern auch in der Dorfkapelle, nicht nur in den Katholischen und Evangelischen Akademien der Ersten Welt, sondern auch in der südamerikanischen Befreiungstheologie – jegliche Form einer antijüdischen Auslegung des Neuen Testaments verurteilt und aufgegeben worden ist.

Dann erst wird sich die gesamte Glaubensgemeinschaft der Juden zu der Erkenntnis durchringen können, die Moses Maimonides bereits im 12. Jahrhundert ausgesprochen hatte: daß durch Jesus (und, wie Maimonides hinzufügte, auch Mohammed) „ferne Inseln und viele Völker" mit den Worten der Torah und den göttlichen Geboten vertraut gemacht worden sind.[21]

X

Mein Judesein und Deutschland

Als ich im Mai 1939 als Dreizehnjähriger mit einem „Kindertransport" Berlin verließ, um den nationalsozialistischen Verfolgungen zu entgehen, war ich fest davon überzeugt, daß die deutsche Phase meines Lebens beendet war. Die meisten Synagogen Deutschlands waren bereits zerstört. Das jüdische Gymnasium, in dem ich meine Erziehung erhalten hatte, existierte nicht mehr. Von mehr und mehr Verwandten und Freunden hatte man gehört, daß sie in Konzentrationslager verschleppt wurden. Anderen wurde ihre berufliche Existenz zerstört. Das unbeschreibliche Schreckliche, das den in Deutschland bleibenden Juden während der Kriegsjahre noch bevorstand, wurde zwar damals noch nicht vorausgeahnt, aber die deutschen Juden wußten bereits seit einiger Zeit, daß sie von der Regierung nicht mehr als Deutsche betrachtet wurden. Die Zugehörigkeit zu ihrem Vaterland hatte man ihnen offiziell abgesprochen. Ich muß mich wohl als Kind damit abgefunden haben und nahm mir an jenem Maimorgen im Jahre 1939 vor, den deutschen Boden nie wieder zu betreten. Allerdings fügte ich halb scherzend hinzu: „Es sei denn, daß mich ‚die Deutschen‘ offiziell dazu einladen." Daran, daß sich das tatsächlich einmal ereignen würde, war damals natürlich nicht zu denken.

Nach nur einem Jahr Englisch in meiner Berliner Schule waren meine englischen Sprachkenntnisse leider nicht genügend, um in den ersten paar Jahren in Schottland, wohin mich der „Kindertransport" brachte, ganz und gar ohne Deutsch auszukommen. Dies schon deshalb, weil ich mich damals in der ständigen Gesellschaft von etwa 159 anderen jüdischen Flüchtlingskindern aus Deutschland und Österreich befand. Aber langsam wurde die deutsche Muttersprache durch Englisch und Hebräisch ersetzt; und je mehr sich die Zeitungs- und Radionachrichten über die nationalsozialistische Vernichtung der europäischen Judenheit häuften, desto mehr wuchs meine Abneigung gegen alles Deutsche, einschließlich der deutschen Sprache. Zwar wählte ich noch Deutsch als eins der Fächer für meine Aufnahmeprüfung an der Universität London, und ich mußte mich auch als Student der Philosophie und als Rabbinatskandidat mit deutsch geschriebenen Büchern befassen, aber als Umgangssprache hörte das Deutsche bald bei mir auf – selbst dann, als ich die Bekanntschaft einer jungen Dame machte, die später meine Frau wurde und die an der Universität London Studentin der Germanistik war. Sie hatte in Deutschland ähnliche Erfahrungen hinter sich wie ich.

Nachdem unsere drei Söhne in den Vereinigten Staaten zur Welt gekommen waren, betrieb meine Frau weitere Studien auf dem Gebiet der Germanistik und brachte es damit bis zum Doktorat. Dennoch wurde Deutsch nicht zur Unterhaltungssprache in unserem Haushalt. Unsere drei Söhne wuchsen ohne Deutschkenntnisse auf. (Der älteste, der später an der Hebräischen Universität in Jerusalem Physik studierte, mußte *dort* etwas Deutsch lernen, um die einschlägige Literatur auf seinem Gebiet lesen zu können!) Wir haben es in späteren Jahren bereut, daß wir unseren Kindern die deutsche Sprache vorenthalten haben. Wir waren aber, als die Kinder noch klein waren, psychologisch einfach nicht in der Lage, ihnen diesen Teil der Familientradition zu vermitteln.

Ich selbst hielt meinen ersten deutschen Vortrag im Jahre 1963, und zwar ausgerechnet ... in *Jerusalem!* Die Umstände, die dazu führten, sollen hier kurz beschrieben werden, denn auch sie sind ein Bestandteil meines Judeseins.

Das Hebrew Union College in Cincinnati, Ohio, an dem ich meine akademische Laufbahn absolvierte, hatte im Juni 1963 in Jerusalem eine Zweigstelle eröffnet, und ich wurde nach Jerusalem geschickt als Rabbiner und Leiter der judaistischen Studien an dieser Zweigstelle. Es gehörte mit zu meinen Aufgaben, für das Hebrew Union College und für die religiös-liberale Richtung, die es vertritt, im Staate Israel „Reklame zu machen", – übrigens keine besonders leichte Aufgabe in einem Land, dessen meiste Bewohner entweder einem starren und unbiegsamen vormodernen

Traditionalismus anhängen oder aber mit der Religion überhaupt nichts zu tun haben wollen. So freute ich mich über jede Gelegenheit, mit den verschiedenen Schichten der israelischen Bevölkerung in Verbindung zu kommen, um meine Aufklärungsarbeit zu leisten.

Da kam nun eines Tages ein Jerusalemer Augenarzt in mein Büro und stellte sich als Präsident der Jerusalemer B'nai B'rith Loge vor. Er erklärte mir, daß, anders als die B'nai B'rith Loge in Amerika, welche Mitglieder „keilt", die Jerusalemer Loge eher wählerisch in ihrer Mitgliedsaufnahme sei. Der Zweck seines Besuches bei mir war, mich einzuladen, bei seiner Loge einen Vortrag über die verschiedenen Strömungen im amerikanischen Judentum zu halten, ein Thema, an dem die Mitglieder höchst interessiert seien. Ich sagte gerne zu, und wir vereinbarten Ort und Zeit. Die Unterhaltung fand in hebräischer Sprache statt. Als sich dann mein Besucher anschickte, fortzugehen, bekam ich es plötzlich mit der Angst zu tun. Die Sprache des amerikanischen Judentums ist Englisch. Seine Begriffe, seine Institutionen, seine ganze Terminologie sind englisch. Noch nie hatte ich versucht, mich darüber in hebräischer Sprache auszudrücken. Und das sollte ich nun plötzlich, und noch dazu im hebräischsprechenden Jerusalem! Besorgt fragte ich den Augenarzt, der schon halb an der Tür war: „Sagen Sie mal, Herr Doktor, dieser Vortrag über das amerikanische Judentum, *muß* der in hebräischer Sprache gehalten werden, oder könnte ich englisch sprechen?" Da drehte sich der Präsident der B'nai B'rith Loge von Jerusalem erstaunt um und sagte ganz empört zu mir: „Aber ich erzählte Ihnen doch, mein Herr, daß es sich um die B'nai B'rith Loge handelt. Also bitte auf Deutsch!"

Wenn ich heute an meinen Vortrag bei der B'nai B'rith Loge in Jerusalem zurückdenke, kann ich nur hoffen, daß ich mich meinem Publikum verständlich genug machen konnte, um wenigstens eine Ahnung von den religiösen Strömungen innerhalb des amerikanischen Judentums zu vermitteln. Auf Hebräisch wäre es mir damals gewiß leichter gefallen.

Bemerkenswert an dieser Geschichte ist immerhin, daß es im Jahre 1963 in Jerusalem eine nicht ganz unbedeutende Gruppe von Menschen gab, deren intellektuellen Bedürfnissen weder auf Hebräisch noch auf Englisch, sondern nur auf Deutsch Rechnung getragen werden konnte. Dabei handelte es sich noch nicht einmal um Leute, von denen der israelische Witz zu erzählen weiß, daß sie, als man bei ihrer Ankunft in Palästina fragte, ob sie aus zionistischer Überzeugung kamen, zur Antwort gaben: „Nein, aus Deutschland!" Selbst überzeugte Zionisten unter den jüdischen Einwanderern aus Deutschland taten sich oft recht schwer mit dem Erlernen der neuhebräischen Sprache und mit ihrer Anpassung an die damals noch hauptsächlich vom Ostjudentum dominierte Lebensweise, Politik und Kultur Palästinas. Die nicht-deutschen Juden im Lande machten sich oft lustig über diese deutschen Juden, die sie „Jekkes" nannten (ein Begriff, dessen Etymologie unklar ist) und deren Ordnungssinn, Pünktlichkeit, Pflichtbewußtsein, deren ästhetische und kulturelle Orientierung sie verspotteten. Man kann daher leicht verstehen, daß die „Jekkes" es vorzogen, sich in ihren eigenen Kreisen zu bewegen und ihr geistiges und kulturelles Leben in ihrer deutschen Muttersprache fortzuführen. Viele von ihnen bewohnten den Jerusalemer Stadtteil Rechaviah, unterhielten sich mit ihren Nachbarn auf Deutsch, machten ihre Einkäufe auf Deutsch, lasen ihre deutschen Zeitungen und gingen zu deutschen Vorträgen. Man fand es also möglich, selbst als Flüchtlinge aus Nazi-Deutschland der deutschen Muttersprache und der vor-nationalsozialistischen deutschen Kultur treu zu bleiben. Das hatte mich damals sehr beeindruckt.

Ein anderer Eindruck aus der damaligen Zeit und dem gleichen Land hat etwas mit den Fahrzeugen auf israelischen Straßen zu tun. In jenen Jahren gab es viele Juden in Amerika – übrigens größtenteils Menschen, die oder deren Eltern lange *vor* der Nazizeit nach Amerika gekommen waren –, die laut – sozusagen als Ausdruck ihres jüdischen Selbstverständnisses – verkündeten, daß sie nie einen Mercedes oder einen Volkswagen fahren würden. Wie könnte man, nach all dem, was ,die Deutschen' den Juden angetan hatten, die deutsche Industrie durch das Kaufen von deutschen Erzeugnissen unterstützen?! Ich muß gestehen, daß es eine Zeit gegeben hat, in welcher ich mit einer derartigen Einstellung sympathisieren konnte. (Schließlich wußte ich nur zu gut, daß der Bau des Volkswagens unter den Nazis begonnen wurde – und von der Propaganda entsprechend herausgestellt wurde.) Aber nach meinem Dienstjahr in Jerusalem, 1963/64, war mir das nicht mehr möglich. Die Straßen Jerusalems und die anderer israelischer Städte waren voll von Volkswagen! Gelegentlich sah man auch schon einmal einen Mercedes. Gewiß erklärten viele Israelis diese Tatsache damit, daß es sich hier um „Wiedergutmachung" aus Deutschland handele und daß man, gäbe es nicht die durch die „Wiedergutmachung" bedingten Vorteile bei der Anschaffung eines Volkswagens, Erzeugnisse der deutschen Industrie sicherlich nicht in einem so großen Maße kaufen würde.

Aber die Tatsache der „Wiedergutmachung" selbst gab einem doch zum Nachdenken Anlaß. Die Bundesrepublik Deutschland, mit der der Staat Israel damals noch keine vollen diplomatischen Beziehungen unterhielt, es war seinerzeit gerade zwei Jahre nach dem Eichmann-Prozeß!, war bereits (und ist immer noch) eine nicht zu unterschätzende Stütze für die israelische Wirtschaft – und somit auch für den Fortbestand des israelischen Staates. Obwohl ich selbst kein Zionist bin, lag mir und liegt mir das Wohlergehen meiner israelischen Mitjuden doch sehr am Herzen; und ich konnte die wirtschaftliche Hilfe aus Deutschland, die dem Staat Israel geleistet wurde, nicht ignorieren – selbst wenn ich der Auffassung bin, daß sich die von den Nationalsozialisten vernichteten Leben durch wirtschaftliche Hilfe, die dem Staat Israel geleistet wird, nicht ersetzen lassen. (Nachdem ich mir bei einem späteren Besuch im Staate Israel einmal für einen Familienausflug einen Volkswagen gemietet hatte, bin ich dann auch in Amerika selbst Volkswagenbesitzer geworden.)

Es war also gerade mein Aufenthalt im Staate Israel, der irgendwie dafür verantwortlich war, daß sich meine psychologischen Hemmungen allem Deutschen gegenüber etwas erweichten. Ich blieb aber bei meinem im Mai 1939 gefassten Entschluß, nie wieder deutschen Boden zu betreten. Da kam im Jahre 1973 aus blauem Himmel ein Telefonanruf aus Freiburg i. Br. Die dortige Stiftung Oratio Dominica wollte eine internationale wissenschaftliche Tagung über das Vaterunser veranstalten, und man suchte einen international anerkannten jüdischen Liturgiker, der sich im jüdischen Gebetsleben zur Zeit Jesu auskennt. Könnte ich über ein langes Wochenende nach Freiburg kommen und ein Referat halten? Ich war zunächst sprachlos. Die Scheu, deutschen Boden zu betreten, machte sich in meiner Stimme bemerkbar. Aber dann erinnerte ich mich an den Zusatz zu meinem Entschluß vom Jahre 1939: „Es sei denn, daß mich ‚die Deutschen‘ offiziell dazu einladen." Und hier war sie ja, diese „offizielle Einladung"! Ich sagte zu.

Ich verfaßte mein Referat in englischer Sprache und ließ es mir von meiner Frau deutsch übersetzen. In Freiburg las ich dann ihr schönes Deutsch vor. Womit ich allerdings nicht gerechnet hatte, war die Tatsache, daß es nach meinem Referat eine Diskussion gab; und meine Frau war nicht als Dolmetscherin mit mir nach Freiburg gekommen. Ich hatte dort auf eigenen Füßen zu stehen, und ich beantwortete Fragen und Argumente seitens der anwesenden Professoren in dem Deutsch eines dreizehnjährigen Berliner Schuljungen. Die Anwesenden haben wohl große Nachsicht walten lassen.

Das war im November 1973. Inzwischen sind neun deutsche Bücher von mir erschienen und fünf deutsche Bücher, bei denen ich als Mitherausgeber wirkte. Zahlreiche deutsche Artikel sind von mir in Zeitschriften und Sammelbänden veröffentlicht worden, und oft bin ich zu Gastvorträgen an deutschen Universitäten und als Referent bei Veranstaltungen von katholischen und evangelischen Akademien in der Bundesrepublik Deutschland eingeladen worden. Ich weiß schon nicht mehr, wieviele Male ich seit November 1973 in Deutschland gewesen bin, aber ich erinnere mich, daß es allein im Jahre 1979 drei verschiedene Flüge für mich von Amerika nach Deutschland gab.

Offensichtlich haben sich meine psychologischen Hemmungen allem Deutschen gegenüber langsam verflüchtigt. Ich gestehe, daß es mir zunächst nicht leicht gefallen ist, deutschen Boden zu betreten. Die von Gott an Kain gerichteten Worte: „Das Blut deines Bruders schreit zu Mir vom Boden"[1] klangen mir im Ohr, ein Bibelvers, bei dem im hebräischen Originaltext ganz ungewöhnlicherweise die Pluralform sowohl für das Substantivum als auch für das Verbum gebraucht wird. Diese Pluralform veranlaßte die alten Rabbinen zu folgender Auslegung: „Gott bezog sich nicht nur auf das vernichtete Leben Abels, sondern auch auf die Vernichtung aller potentiellen Nachkommen Abels."[2] Auch mußte ich am Anfang oft beim Anblick der verschiedenen Gedenktafeln: „Hier stand die Synagoge ..." weinen. So langsam gewöhnt man sich daran. Heute weine ich eher über das, was in den stehengebliebenen oder wiedererbauten Synagogen Deutschlands geschieht, oder, besser gesagt, *nicht* geschieht, – über das Fehlen einer jeglichen Beziehung der heutigen Synagogenmitglieder zu dem einstigen deutschen Judentum.

Aber diesem Negativen stehen andere Dinge gegenüber, die mir meine Deutschlandbesuche immer leichter machen. Hier geht es in erster Linie um die deutschen Menschen, die ich im Laufe der Zeit, angefangen mit meiner Reise nach Freiburg im Jahre 1973, kennengelernt habe und mit denen ich teilweise eng befreundet bin. Ich bin fest davon überzeugt, daß es ein „anderes Deutschland" als das nationalsozialistische Deutschland meiner Kindheit gibt. Ich bewundere die Bemühungen, die – nicht zuletzt von den Kirchen – gemacht werden, ein besseres Verhältnis zwischen Christen und Juden herbeizuführen, und ich stehe in Ehrfurcht vor denjenigen älteren deutschen Menschen, die seinerzeit ihr eigenes Leben aufs Spiel gesetzt haben, um in der Schreckenszeit Juden zu helfen.

Wie groß oder wie klein dieses „andere Deutschland" ist, kann ich nicht beurteilen. Sollte mir jemand erzählen, daß sich eine Gruppe von Neo-Nazis gerade um die Ecke des Hauses versammelt, in dem ich mein Referat halte, so fehlen mir die Unterlagen dazu, das entweder zu bejahen oder zu verneinen. Ich weiß nur, daß die Menschen, die zu meinem Vortrag kommen, mir freundlich gesinnt sind und etwas über das Judentum erfahren wollen. Ich weigere mich, Verallgemeinerungen über „*die* Deutschen" zu verlautbaren. Verallgemeinerungen stimmen nie, – nicht über „*die* Juden" und auch nicht über „*die* Deutschen". Durch eigene Erfahrung weiß ich, daß es ein „anderes Deutschland" tatsächlich gibt, sei es nun groß oder klein. Ich kann nur hoffen, daß es immer größer wird.

Dazu kommt auch die religiöse Tradition, die ich vertrete. Eines meiner ersten deutschen Bücher, *Es lehrten unsere Meister* ... (Freiburg, 1979), enthält folgende Widmung:

„Gewidmet meinen christlichen Freunden in Deutschland, die sich um die Wiederentdeckung des Judentums bemühen."

Und unten auf der Seite steht:

„Der Sohn trägt nicht an der Verfehlung des Vaters, der Vater trägt nicht an der Verfehlung des Sohns, die Bewährung des Bewährten, auf ihm ist sie, die Schuld des Schuldigen, auf ihm ist sie."

Ezechiel 18,20

Die meisten Deutschen, mit denen ich befreundet bin, ja die meisten Deutschen, die heute leben, waren in der Hitlerzeit entweder zu jung, um an den Verbrechen teilzunehmen, oder sie waren damals noch gar nicht geboren. Ihnen eine Kollektivschuld aufzubinden, ist mir aus religiösen Gründen untersagt. Sie verantwortlich zu machen, selbst wenn sie aus nationalsozialistischen Häusern stammen, was gewiß nicht in allen Fällen zutrifft, hieße, das Erbe der hebräischen Propheten zu entweihen. Behauptet doch ein im Talmud zitierter Rabbi selbst von Haman, dem biblischen Erzfeind der Juden, daß er Nachkommen hatte, die bei den Weisen Israels in Benai Beraq Torah studierten![3] Und wo keine persönliche Schuld vorhanden ist, scheint es mir auch psychologisch falsch zu sein, ein Schuldgefühl zu beschwören, um dann auf diesem Schuldgefühl ein besseres Verhältnis von Juden und Christen aufzubauen.

All das bedeutet aber nun nicht, daß ich dazu bereit bin, den wirklich Schuldigen ihre Untaten zu vergeben. Ich bin dazu nicht bereit, weil mir eine derartige Vergebung einfach nicht zusteht. Wenn mir ein Dieb meine Uhr stiehlt, steht es mir zu, wenn ich es will, dem Dieb zu verzeihen. Aber meinem Nachbarn steht das nicht zu. Er kann nur dem Dieb, der *seine* Uhr stiehlt, verzeihen, aber nicht dem Dieb, der *meine* Uhr gestohlen hat. Das kann nur ich selber als persönlich Betroffener tun. Gleiches gilt, wenn mir jemand eine Verwundung zufügt. Nur ich bin dazu berechtigt, dem Täter zu verzeihen. Eine dritte Person kann die Verzeihung nicht aussprechen. Gilt das schon bei Diebstahl und Verwundungen, um wieviel mehr muß es dann bei dem größten aller Verbrechen gelten, wo ein Mensch einem anderen Menschen das Leben nimmt! Da kann nur das Opfer die Verzeihung aussprechen. Aber das Opfer ist ja *per definitionem* das Opfer. Der ermordete Mensch ist nicht mehr da. Und mir steht es nicht zu, zu rätseln, ob der ermordete Mensch dem Mörder den Mord verziehen hätte oder nicht. Es steht *mir* nicht zu, und es steht keinem anderen Überlebenden zu. (Ob Gott es in seiner Güte einmal verzeihen wird, ist eine andere Frage, die auf einer ganz anderen Ebene liegt.) Bereut der Mörder seine Tat, dann kann ich davon Kenntnis nehmen. Gegebenenfalls kann ich sogar dem Mörder meine Sympathie für seine Reue bekunden. Aber *verzeihen* kann ich ihm nicht. Ebenso unmöglich ist es mir dagegen, die Kinder und Kindeskinder des Mörders für seine Schuld verantwortlich zu machen.

Da die Generation der Mörder immer mehr von der Bühne verschwindet, spielt meine Unfähigkeit, den Mördern zu verzeihen, eine immer geringer werdende Rolle. Dementsprechend fällt es mir bei jedem neuen Besuch in Deutschland leichter, deutschen Boden zu betreten, ja, mich sogar immer mehr in Deutschland zu Hause zu fühlen. Ich liebe die Landschaften meiner ehemaligen deutschen Heimat. Mir liegt die Art des deutschen kulturellen und gesellschaftlichen Lebens. Mit den Freunden in Deutschland bin ich enger befreundet als mit Freunden anderswo. Und mit welchem Recht hatten mir die Nationalsozialisten schon meine Zugehörigkeit zum deutschen Vaterland absprechen können? Sollte ich ihre Berechtigung dazu tatsächlich immer noch im nachhinein anerkennen?

So allmählich fange ich auch an, meine mittelalterlichen Vorfahren zu verstehen. Es gab im Mittelalter viele durch religiöse Intoleranz verursachten Judenvertreibungen. Aus Frankfurt wurden die Juden vertrieben, aus Nürnberg, aus Regensburg und aus vielen anderen Städten Deutschlands. Oft aber wurden die Juden auch wieder in diesen Städten aufgenommen, manchmal sogar nach nur wenigen Jahren. Ich konnte diese Juden lange Zeit nicht verstehen, die dann tatsächlich in die Städte zurückkehrten, aus denen sie vertrieben wurden. Daß man als mittelalterlicher Jude damit rechnen mußte, aus seiner Heimatstadt vertrieben zu werden, daß man sich auf ein unstetes Dasein gefaßt machen mußte, daß man nicht selten dafür dankbar zu sein hatte, mit dem nackten Leben davonzukommen, all das war mir immer klar gewesen. Aber daß Juden in die Städte, aus denen sie vertrieben wurden, nach nur wenigen Jahren wieder zurückkehrten, das konnte ich einfach nicht verstehen. Heute fällt mir das Verstehen leichter. Die Städte, aus denen die mittelalterlichen Juden vertrieben wurden, waren doch ihre Heimat. Seit vielen Generationen hatten sie in ihnen gelebt. Selbst ihre religiösen Gebräuche waren oft mit der heimatlichen Landschaft verbunden, und auf dem „guten Ort", wie man den jüdischen Friedhof nannte, lagen die Ahnen begraben, die die „Kette der Tradition" durch die Jahrhunderte bezeugten. Man mag zwar im Exil hilfsbereite Glaubensbrüder und -schwestern angetroffen haben, aber man fühlte sich dennoch als Fremder. Wenn daher die Möglichkeit auftauchte, sich wieder in die alte Heimat zu begeben, dann begab man sich – trotz aller bösen Erinnerungen – dorthin zurück. Ob das klug war oder politisch angemessen, sei einmal dahingestellt. Es geht hier um Gefühle, die mit politischer Klugheit oder Angemessenheit wenig zu tun hatten.

Ich kann heute diese Gefühle sehr gut verstehen. Bei mir kommen immer häufiger ähnliche Gefühle auf. Ich fühle mich immer mehr mit meiner alten deutschen Heimat verbunden – nicht zuletzt vielleicht auch deshalb, weil ich weiß, daß die Wiege meines Judeseins dort und nirgendwo anders stand. Ich weiß auch, denn ich gebe mich nicht gern Illusionen hin, daß es heute in Deutschland wohl Juden und ein gewisses jüdisches Leben, aber kein deutsches Judentum mehr gibt. Und dennoch!

Daher konnte ich mich über die Wiedervereinigung Deutschlands freuen und an ein gesund gewordenes Deutschland in einem vereinten Europa denken. Aber ebenso bange ich mich – und nicht nur als Jude –, wenn Zeitungen und Fernsehen Kunde von einem Wiederaufkommen nationalsozialistischer Denkweisen und Verhaltensformen bringen. Denn es sollte doch klar geworden sein, daß auf diesem Weg Deutschland nicht nur

Vernichtung über andere, sondern auch über sich selbst bringt. Das will und kann ich nicht nochmals miterleben. Dazu ist mein Judesein zu tief im Besten der deutschen Kultur und der deutschen Art verankert.

Nachwort

Den Leserinnen und Lesern dieses Buches schulde ich das Geständnis, daß ich zu der winzigen Anzahl derer gehöre, unter denen das von mir hier beschriebene Judesein noch besteht. Ich möchte fast sagen, daß diese Art von Judesein außerhalb meiner eigenen Gedankenwelt kaum mehr ein Dasein führt. Es geht daher nicht an, nach vollendeter Lektüre dieses Buches die nächstliegende Synagoge aufzusuchen, in der Hoffnung, dort jene Art des Judeseins vorzufinden, die in den vorangehenden Seiten dargestellt worden ist. Dieses Judesein lebt eigentlich nur in der Erinnerung einzelner Juden weiter, die es vor der Zerstörung des deutschen Judentums durch die nationalsozialistische Schreckensherrschaft miterlebt haben. Die heutige jüdische Wirklichkeit sieht, besonders in Deutschland, ganz anders aus.

Die Zerstörung des deutschen Judentums ist ein Bestandteil der Zerstörung des europäischen Judentums, auch wenn sie fälschlicherweise oft „Holocaust" genannt wird; und ganze Ideologien, von Juden wie auch von Christen entwickelt, werden darauf aufgebaut. Man klagt über die Millionen von jüdischen Leben, die grausam ausgelöscht wurden, und man trauert um die zerstörten Stätten, in denen einst jüdische Geisteskultur gepflegt wurde. Solche Klagen geschehen zu Recht. Aber mehr als das ging verloren – nicht zuletzt eine ganze Geisteshaltung, die überhaupt erst die Entstehung des hier beschriebenen Judeseins möglich machte.

Man darf es daher den überlebenden Juden nicht zu sehr verübeln, wenn sie jetzt ständig und überall Antisemitismus wittern, ob nun in einem gegebenen Fall der Antisemitismus wirklich in Erscheinung getreten ist oder nicht. Schließlich hatte man ja am

Anfang die Nationalsozialisten auch nicht ernst genug genommen. Leider kann aber auch diese Furcht vor Antisemitismus in eine Angst vor allen Nichtjuden ausarten, so daß man in jedem Nichtjuden den potentiellen Feind sieht – es sei denn, daß der Nichtjude zuerst seinen Nicht-Antisemitismus unter Beweis gestellt hat.

Daraus ergibt sich dann oft eine bewußte oder unbewußte Ablehnung der Kultur des christlichen Westens im allgemeinen und ein Rückzug in das, was man von seinem jüdischen Erbe noch kennt – was meistens nicht sehr viel ist. Für das, was einem das jüdische Erbe nicht bietet oder, durch eigene Unwissenheit verursacht, nicht bieten kann, sucht man Ersatz in modernen Theorien eines „jüdischen" Nationalismus, der allerdings kaum aus jüdischen Quellen geschöpft ist; und durch Identifizierung mit dem Staate Israel meint man eine stellvertretende Sühne für seine eigenen religiösen Nachlässigkeiten zu finden.

Diese Zustände lassen sich ziemlich leicht erklären; trotzdem sind sie nicht weniger bedauerlich. Ob es wieder einmal deutsche Juden und nicht lediglich „Juden in Deutschland" geben wird? Wer kann das wissen? Die Art des Judeseins, die in diesem Buch beschrieben wurde, ist nicht mit einem Mal entstanden. Viel verdankt sie den großen deutschen Rabbinern des 19. Jahrhunderts – einem Abraham Geiger, der für das religiös-liberale Judentum bahnbrechend war, einem Samson Raphael Hirsch, der den gesetzestreuen Juden die Welt der westlichen Kultur eröffnete, und einem Zacharias Frankel, der den Mittelweg zwischen Orthodoxie und Reform fand. Aber diese Männer bauten nicht auf einem Nichts. Sie konnten an eine alte deutsch-jüdische Tradition anknüpfen.

Die ersten Juden, die nach Deutschland kamen, fanden ihren Weg im Zug der römischen Legionen. Dokumentarisch ist ihre Anwesenheit in Köln bereits im 4. Jahrhundert erwiesen. Es hat Jahrhunderte gedauert, bis das Judesein, wie ich es noch erleben durfte, zur vollen Blüte kam. Es wird Jahrhunderte dauern, bis so etwas wieder geschaffen werden kann, wenn überhaupt.

Inzwischen mögen Erinnerungen wie die hier vorliegenden den

Weg dazu bahnen, wie sie auch denen, seien sie jüdisch oder christlich, die erst zur Welt kamen, als das hier beschriebene Judesein in Deutschland nicht mehr existierte, Kunde davon bringen, daß es einmal ein „anderes Judentum" und eine ihnen unbekannte Art des Judeseins gegeben hat.

Anmerkungen

Vorwort
1. Leo Baeck, Vorwort, in: Aimé Pallière, *Das unbekannte Heiligtum. Aus dem Französischen übersetzt von Z. Holm, Berlin 1927, S. 1 f.

I „Mein Judesein"
1. Vgl. Uriel Tal, „Theologische Debatte um das ‚Wesen des Judentums'", in: Werner E. Mosse und Arnold Paucker, Hrsg., *Juden im Wilhelminischen Deutschland 1890–1914.* Tübingen 1976, S. 599–632. Siehe auch Leo Baeck, *Das Wesen des Judentums,* Darmstadt ⁶1966.
2. Leo Baeck, *Dieses Volk – Jüdische Existenz.* Band I, Frankfurt a. M. 1955. Band II, Frankfurt a. M. 1957.
3. Vgl. Jeschajahu Aviad-Wolfsberg, in: Eva G. Reichmann, Hrsg., *Worte des Gedenkens für Leo Baeck.* Heidelberg 1959, S. 140–152.
4. *Kawwanath Halebh,* Jerusalem 5749, S. 110, 169, 195, 227.
5. Lawrence H. Schiffman, *Who Was A Jew?* Hoboken, NJ 1985.
6. Jesus Sirach 50, 1–21.
7. *Mischnah Abhoth* 1, 2.
8. B. *Ta'anith* 2 a.

II Die Quellen meines Judeseins
1. Moses Mendelssohn, *Jerusalem,* in: Moses Mendelssohn, *Gesammelte Schriften – Jubiläumsausgabe,* Band 8, hrsg. von Alexander Altmann, Stuttgart – Bad Cannstatt 1983, S. 198.
2. Siehe die angeführten Quellen in: Jakob J. Petuchowski, Hrsg., *„Daß wir Dir in Wahrheit dienen" – Ein jüdischer Gottesdienst für den Sabbatmorgen,* Aachen 1988, S. 8–9.
3. B. *Schabbath* 112 b.
4. Siehe Louis Ginzberg, *Students, Scholars and Saints,* Philadelphia 1928, S. 131.
5. Siehe Daniel Jeremy Silver, *Maimonidean Criticism and the Maimonidean Controversy,* Leiden 1965.
6. Siehe Louis Jacobs, *Theology in the Responsa,* London 1975, S. 213.
7. *Mischnah Abhoth,* 2, 2.
8. Vgl. Jakob J. Petuchowski, *Prayerbook Reform in Europe,* New York 1968, S. 123 f.
9. Vgl. Jekuthiel Judah Greenwald, *Letholedoth Hareformazijon Hadathith Begermanijah Ubhe-ungarijah,* (Hebr.) Columbus, Ohio 1948, S. 55 f.
10. Vgl. David Hoffmann, *Die wichtigsten Instanzen gegen die Graf-Wellhausensche Hypothese,* Berlin 1904.

149

11. Marcus Petuchowski, *Der Tanna Rabbi Ismael*, Frankfurt a. M. 1894. (Gedruckt von H. Itzkowski, Berlin.) Die ersten 48 Seiten wurden 1892 als Doktoraldissertation der Universität Halle vorgelegt.
12. Arnold B. Ehrlich, *Miqra Kipheschuto*. Amerikanischer Nachdruck, New York 1969, Band 1, S. XXXVII, Anmerkung 1.
13. Über die Unterschiede zwischen der Frankfurter und der Berliner jüdischen Orthodoxie, siehe Yaakov Zur, „Die Berliner und die Frankfurter Orthodoxie", in: *Deutschland-Berichte* 20/1, Januar 1990, S. 31–37.

III Lehrjahre
1. *Mischnah Abhoth* 4,5.
2. Vgl. Jakob J. Petuchowski, „Karaite Tendencies in an Early Reform Haggadah", in: *Hebrew Union College Annual* XXXI (1960), S. 223–249.
3. Eine Darstellung der Glaubenslehren und religiösen Vorschriften des britischen Reformjudentums, wie sie noch in den 40er Jahren dieses Jahrhunderts gelehrt und praktiziert wurden, befindet sich in Morris Joseph, *Judaism as Creed and Life*, London 1903. (Letzte Auflage: London 1958.)
4. Vgl. Lewis und Jacqueline Golden, Hrsg., *Harold Reinhart 1891–1969 – A Memorial Volume*, London 1980.
5. Vgl. Kurt Wilhelm, „Benno Jacob, a Militant Rabbi", in: *Leo Baeck Institute Year Book* VII (1962), S. 75–94.
6. Jakob J. Petuchowski, „The *Mumar* – A Study in Rabbinic Psychology", in: *Hebrew Union College Annual* XXX (1959), S. 179–190.
7. Aus seiner eigenen Beschäftigung mit dem Gefühl für das „Numinose" erwuchs später eine wissenschaftliche Studie: Bruno Italiener, „The Mussaf-Kedushah", in: *Hebrew Union College Annual* XXVI (1955), S. 413–424.
8. Albert H. Friedländer, *Leo Baeck: Leben und Lehre*, Stuttgart 1973. Neuauflage, zusammen mit Bertold Klappert herausgegeben, München 1990. (= Kaiser Taschenbücher Nr. 84.)
9. Vgl. Jakob J. Petuchowski, „Introduction", in: Samuel S. Cohon, *Essays in Jewish Theology*. Cincinnati 1987, S. XI–XIV.
10. David Neumark, *Toledoth Hapilosophijah Be-Jisrael*, hrsg. Samuel S. Cohon. Philadelphia 1929.
11. Elizabeth Petuchowski, *Ein Rabbi kommt selten allein*, Freiburg i. Br. 1983, S. 20.

IV Die religiöse Vielfalt des Judentums
1. P. *Sanhedrin* X, 6, Ausgabe Krotoschin, p. 29 c.
2. Arthur Marmorstein, *Studies in Jewish Theology*. London 1950, S. 179–224.
3. B. *Baba Qamma* 83 b, ff.
4. Siehe b. *Sanhedrin*, Kap. 11.
5. B. *Sanhedrin* 34 a.
6. B. 'Erubhin 13 b.
7. *Ritba*, Kommentar *ad* b. *'Erubhin* 13 b, im *'En Ya'aqobh* gedruckt.
8. Siehe oben, S. 27–29.
9. Apg 5,38–39.

10. *Mischnah Abhoth* 4,11.

V Mein Judesein – Eine Glaubensfrage
1. Jona 1,8–9.
2. Ez 16,3.
3. Sa'adja Gaon, *Sepher Ha-Emunoth Weha-De'oth*, Buch III, ed. Fischel, S. 80.
4. Theodor Herzl, *Der Judenstaat*, Berlin [11]1936, S. 63.
5. Isaac Deutscher, *The Non-Jewish Jew and Other Essays*, New York 1968.
6. Benjamin Eliav, „Canaanites", in: *Encyclopaedia Judaica*, Bd. 5, Sp. 101–102.
7. Vgl. Rut 4,13–22.
8. Zu diesem Problem siehe die folgenden Aufsätze von Jakob J. Petuchowski: „Gibt es Dogmen im Judentum?", in: *Theologische Quartalschrift* 160 (1980), S. 96–106; „Die heutigen Strömungen im Judentum – Ihre Vielfalt im Spiegel der Dialektik von Glaube und Werke", in: *Una Sancta* 44 (1989), S. 123–131; „Glaube und Werke in der rabbinischen Literatur", in: *Judaica* 46 (1990), S. 12–21.
9. Vgl. Louis Jacobs, *Principles of the Jewish Faith*, New York 1964. Populärer und mehr auf den Versuch eingestellt, christlichen Lesern ein Verständnis seiner eigenen Auffassung des Judentums zu ermöglichen, ist: Schalom Ben-Chorin, *Jüdischer Glaube*, Tübingen 1975.
10. Claude G. Montefiore, *Outlines of Liberal Judaism*, London 1912, S. 272–282.
11. *Zohar, Acharé Moth*, p. 73 a.

VI Gott
1. Vgl. Joseph Gutmann, „The Second Commandment and the Image in Judaism", in: *Hebrew Union College Annual* XXXII (1961), S. 161–174.
2. Über die jüdischen Feste und ihre religiöse Bedeutung informiert: Jakob J. Petuchowski, *Feiertage des Herrn*, Freiburg i. Br. 1984.
3. Vgl. Jakob J. Petuchowski, „Manuals and Catechisms of the Jewish Religion in the Early Period of Emancipation", in: Alexander Altmann, Hrsg., *Studies in Nineteenth-Century Jewish Intellectual History*, Cambridge, MA 1964, S. 47–64.
4. Vgl. *Sidur Safa Berura* mit deutscher Übersetzung von Rabbiner Dr. S. Bamberger, Basel 1964, S. 78–79 für die prosaische Form; S. 2 für die poetische Form. Dazu: Jakob J. Petuchowski, *Theology and Poetry*, London 1978, S. 20–30.
5. Siehe das Halevi-Zitat in Jakob J. Petuchowski, *Die Stimme vom Sinai*, Freiburg i. Br. 1981, S. 33–37.
6. Maimonides, *Moreh Nebhukhim* II, 25.
7. In etwas verkürzter Form ist diese Diskussion festgehalten in: *Criterion – A Publication of the Divinity School of the University of Chicago*, Bd. 2, Nr. 1 (Winter 1963), S. 9–10.
8. Vgl. Karl Barth, *Anselm: Fides Quaerens Intellectum*, München 1931.
9. Vgl. Jakob J. Petuchowski, „Der werdende Gott?: Eine Jüdische Selbstbe-

sinnung", in: J. J. Petuchowski, H. Rombach, W. Strolz, *Gott Alles in Allem*, Freiburg i. Br. 1985, S. 26.

10. Siehe Jes 55, 8–9.
11. Siehe J. J. Petuchowskis Artikel in Anm. Nr. 9, oben, S. 13–39; und Julie Kirchberg, *Theo-logie in der Anrede als Weg zur Verständigung zwischen Juden und Christen*, Innsbruck/Wien 1991.
12. *Exodus Rabbah* II, 5; deutsche Übersetzung in Jakob J. Petuchowski, *Es lehrten unsere Meister*, Freiburg i. Br. 1979, S. 32.
13. Deut 6, 5 und Lev 19, 18; vgl. Mk 12, 28–31.
14. Gen 18, 25.
15. Jer 12, 1.
16. Ijob 42, 7.
17. *Mischnah Abhoth* 4, 15.
18. Immanuel Kant, *Werke in zehn Bänden*, hrsg. von Wilhelm Weischedel, Darmstadt 1968, Bd. 6, S. 300.
19. Eliezer Berkovits, *Faith after the Holocaust*, New York 1973, S. 94.
20. Vgl. Jakob J. Petuchowski, *Theology and Poetry*, London 1978, S. 48–83, und die Arbeit meines Schülers Anson Laytner, *Arguing with God – A Jewish Tradition*. Northvale, NJ 1990.
21. Hier denkt man z. B. an Stellen wie Ex 4, 24–26 und 2 Sam 6, 1–7.
22. Ein Christ mag Ähnliches in der auf Phil 2, 6–8 basierenden Lehre von der Kenose finden.
23. Siehe Deut 30, 15–20.
24. Jes 45, 6–7.
25. Ijob 2, 10.
26. *Mischnah Berakhoth* 9, 5.

VII Torah

1. Leo Baeck, *Das Wesen des Judentums*, Darmstadt ⁶1966, S. 57.
2. Vgl. das 19. Kapitel des Buches Exodus.
3. Ex 20, 1.
4. Ex 32, 16.
5. Vgl. Jakob J. Petuchowski, *Wie unsere Meister die Schrift erklären*, Freiburg i. Br. 1982, S. 120–138.
6. B. *Makkoth* 24 a.
7. Maimonides, *Moreh Nebhukhim* II, 33. Vgl. auch den Kommentar zu Ex 20, 2 von Rabbi Meir Loeb Malbim (1809–1879).
8. Vgl. Jehudah Halevi, *Kuzari* I, 89; Maimonides, *op. cit.*, I, 65.
9. Maimonides, *op. cit.*, I, 66.
10. John Baillie, *The Idea of Revelation in Recent Thought*. New York, 1956, S. 62. Meine Übersetzung aus dem Englischen.
11. Baillie, *op. cit.*, S. 110.
12. Ex, Kapitel 14.
13. *Mekhilta, Schirah*, Kap. 4, ed. Horovitz – Rabin, S. 129.
14. Ex 15, 18.
15. Vgl. Jakob J. Petuchowski, *Gottesdienst des Herzens*, Freiburg i. Br. 1981, S. 21–25.

16. Deut 5,15.
17. Lev 19,34.
18. Deut 6,5.
19. Vgl. Franz Rosenzweig, *Der Stern der Erlösung*, Frankfurt a. M. [2]1930, Zweiter Teil, S. 88–151.
20. Lev 19,18.
21. Mt 22,40.
22. Leo Baeck, „Geheimnis und Gebot", in: ders., *Wege im Judentum*. Berlin 1933, S. 33.
23. Deut 24,19–22.
24. Deut 23,20.
25. Deut 24,14–15.
26. Ex 23,4–5.
27. Lev 19,11–16, 35–36.
28. Vgl. Jakob J. Petuchowski, *Gottesdienst des Herzens*, S. 101–104.
29. Vgl. dazu: Jakob J. Petuchowski, *Feiertage des Herrn*, S. 25–38.
30. *Mekhilta, Schirah*, Kap. 3, ed. Horovitz – Rabin, S. 127; deutsche Übersetzung in: Jakob J. Petuchowski, „Der Schöne", in: Rudolf Walter, Hrsg., *Die Hundert Namen Gottes*, Freiburg i. Br. 1985, S. 39 f.
31. Ex 24,7, hier im Sinne des rabbinischen Verständnisses dieses Verses übersetzt.
32. *Mischnah Sanhedrin* 10,1.
33. *Siphre ad Numeros, Schelach, pissqa* 112, ed. Horovitz, S. 121; vgl. b. *Sanhedrin* 99 a.
34. Vgl. Jakob J. Petuchowski, „Bibel und Tradition im rabbinischen Judentum", in: *Theologische Quartalschrift*, Bd. 161 (1981), S. 106–115, und ders., „Zur rabbinischen Interpretation des Offenbarungsglaubens", in: Jakob J. Petuchowski und Walter Strolz, Hrsg., *Offenbarung im jüdischen und christlichen Glaubensverständnis*, Freiburg i. Br. 1981, S. 72–86.

VIII. Israel
 1. B. *Joma* 87 b.
 2. Gen 17,5.
 3. Vgl. z. B. Röm 4,13 ff.
 4. Maimonides, Responsa (arabisch und hebräisch), ed. Jehoschua Blau, Bd. II. Jerusalem 1960, S. 548–550.
 5. Vgl. Deut. 23,4.
 6. Vgl. b. *Berakhoth* 28 a.
 7. Rut 4,13 ff.
 8. Vgl. *Sepher Juchassin Haschalem*, ed. Filipowski, S. 75.
 9. B. *Gittin* 56 a.
10. B. *Schebhu'oth* 39 a.
11. Jes 43,10.
12. *Siphre ad Deuteronomium, Wezoth, pissqa* 346, ed. Finkelstein, S. 403 f.
13. Vgl. S. R. Driver, *An Introduction to the Literature of the Old Testament*, New York 1956, S. 133.

14. Robert H. Pfeiffer, *Introduction to the Old Testament,* New York 1948, S. 191. Meine Übersetzung aus dem Englischen.
15. Jona 1, 8–9.
16. Sa'adja Gaon, *Sepher Ha-Emunoth Weha-De'oth,* Kap. 3, ed. Fischel, S. 80.
17. Theodor Herzl, *Der Judenstaat,* Berlin [11]1936, S. 63.
18. Vgl. Eduard Lohse, Hrsg., *Die Texte aus Qumran,* Darmstadt 1964, S. 1–61 (hebräisch mit deutscher Übersetzung).
19. Gen 49, 6.
20. *Mischnah Sotah* 9, 15.

IX Mein Judesein und das Neue Testament

 1. Vgl. *Mischnah Sanhedrin* 10, 1.
 2. Johann Maier, *Jesus von Nazareth in der talmudischen Überlieferung,* Darmstadt 1978, *passim.*
 3. Vgl. Samuel Krauss, *Das Leben Jesu nach jüdischen Quellen,* Berlin 1902, und Günter Schlichting, *Ein jüdisches Leben Jesu,* Tübingen 1982.
 4. Abba Hillel Silver, *Where Judaism Differed,* New York 1956, S. 106. Meine deutsche Übersetzung.
 5. Vgl. Susannah Heschel, *Abraham Geiger and the Origins of Christianity,* (Doktoraldissertation, University of Pennsylvania 1989, als Manuskript vervielfältigt.) Ann Arbor, Microfilm International, 1989.
 6. Josef Klausner, *Jesus von Nazareth,* Berlin [2]1934; und ders., *From Jesus to Paul,* London 1944.
 7. Schalom Ben-Chorin, *Bruder Jesus,* München 1967; ders., *Paulus,* München 1970; ders., *Mutter Mirjam,* München 1971.
 8. Martin Buber, *Zwei Glaubensweisen,* Zürich 1950.
 9. Schalom Asch, *Der Nazaräer,* (Deutsche Übersetzung von Paul Baudisch.) Amsterdam 1950.
10. Unter seinen vielen Schriften zu diesem Thema vgl. besonders Claude G. Montefiore, *Some Elements of the Religious Teaching of Jesus.* London, 1910; ders., *Rabbinic Literature and Gospel Teachings,* London 1930. (Neuausgabe mit Vorwort von Eugene Mihaly, New York 1970.)
11. Claude G. Montefiore, *The Synoptic Gospels, edited with an Introduction and Commentary,* London 1909. 2 Bde.
12. Claude G. Montefiore, *Judaism and St. Paul,* London 1914.
13. Claude G. Montefiore, *Outlines of Liberal Judaism,* London 1912, S. 315 f. Meine Übersetzung aus dem Englischen.
14. *Ebd.,* S. 325 f.
15. Leo Baeck, *Das Evangelium als Urkunde der jüdischen Glaubensgeschichte,* Berlin 1938.
16. Vgl. z. B. Rudolf Bultmann, *Jesus,* Berlin [2]1951.
17. Israel Zangwill, *The Voice of Jerusalem,* New York 1921, S. 43.
18. Joh 14, 2.
19. Vgl. Jakob J. Petuchowski, „Bekannte und unbekannte Gottesbünde", in: A. Falaturi, J. J. Petuchowski, W. Strolz, Hrsg., *Universale Vaterschaft Gottes,* Freiburg i. Br. 1987, S. 13–31.
20. *Othijoth de-Rabbi Aqibha,* ed. Wertheimer. Jerusalem 1914, S. 12.

21. Maimonides, *Mischneh Torah, Hilkhoth Melakhim*, Kap. 11, in der von der christlichen Zensur unversehrten Ausgabe Konstantinopel 1689.

X Mein Judesein und Deutschland
   1. Gen 4,10.
   2. B. *Sanhedrin* 37 a.
   3. B. *Gittin* 57 b.

Spektrum/Religion

Peter L. Berger
Auf den Spuren der Engel
Die moderne Gesellschaft und die Wiederentdeckung der
Transzendenz
Band 4001
Spuren des Transzendenten heute: „... ein ausgesprochenes Lesevergnügen"
(Süddeutsche Zeitung).

Eugen Drewermann
Die Spirale der Angst
Der Krieg und das Christentum
Mit vier Reden gegen den Krieg am Golf
Band 4003
Ein Buch für eine neue Qualität des Zusammenlebens in Politik,
Gesellschaft und Religion.

Die fünf großen Weltreligionen
Islam, Judentum, Buddhismus, Hinduismus, Christentum.
Herausgegeben von Emma Brunner-Traut
Band 4006
Über die Grenzen der Kontinente hinweg erschließt dieses Buch den
Kosmos der Religionen.

Gerd Heinz-Mohr
Lexikon der Symbole
Bilder und Zeichen der christlichen Kunst
Band 4008
„Ein Nachschlagewerk, das auch zum Lesen verlockt" (Süddeutsche
Zeitung).

Karlfried Graf Dürckheim
Mein Weg zur Mitte
Gespräche mit Alphonse Goettmann
Band 4014
Neue Wege zur meditativen Selbstfindung, die für den modernen
Menschen gangbar sind.

HERDER / SPEKTRUM

Hans Maier
Die christliche Zeitrechnung
Band 4018

„Eine kompakte Darstellung, die eine Wissenslücke füllt" (Wiener Zeitung).

Tanz der göttlichen Liebe
Das Hohelied im Karmel
Band 4023

Karmeliter-Mystik aus fünf Jahrhunderten, bewegende Zeugnisse einer innigen Beziehung vom Menschen zum absoluten Du.

Arno Borst
Die Katharer
Mit einem Nachwort von Alexander Patschovsky
Band 4025

„Wen das Mittelalter interessiert, aber auch jeder, der wissen will, wie Europa geworden ist, wird das Buch mit Vergnügen lesen" (FAZ).

Karlfried Graf Dürckheim
Das Tor zum Geheimen öffnen
Ausgewählt und eingeleitet von Gerhard Wehr
Band 4027

Die Kerngedanken eines Meisters der Meditation, der die Weisheitslehren des Ostens und des Westens schöpferisch vereint hat.

Eugen Drewermann
Der tödliche Fortschritt
Von der Zerstörung der Erde und des Menschen im Erbe des Christentums
Band 4032

Eine erschreckende Bilanz – zugleich ein Plädoyer für ein neues Menschenbild.

HERDER / SPEKTRUM

A. Th. Khoury/L. Hagemann/P. Heine
Islam-Lexikon
Geschichte – Ideen – Gestalten
Drei Bände in Kassette
Band 4036

„Ein echter, wertvoller Gewinn, gleichsam eine Gebrauchsanleitung für das Gespräch von morgen" (Rheinischer Merkur).

Walter Jens/HAP Grieshaber
Am Anfang der Stall, am Ende der Galgen
Das Matthäus-Evangelium
Band 4042

„Die Übersetzung eines Meisters der deutschen Sprache, die das ursprüngliche Wort unvergleichlich leuchten läßt" (Hans Küng).

Malcolm Lambert
Ketzerei im Mittelalter
Eine Geschichte von Gewalt und Scheitern
Band 4047

„Eine exzellente Orientierung und eine packende Schilderung eines verwickelten Kapitels Geschichte" (Pforzheimer Zeitung).

Hugo M. Enomiya-Lassalle
Erleuchtung ist erst der Anfang
Texte zum Nachdenken
Herausgegeben von Gerhard Wehr
Band 4048

Enomiya-Lassalle, der große Meditationsmeister und Vermittler östlicher Weisheit, weist den Weg zum meditativen Leben.

Karlfried Graf Dürckheim
Vom doppelten Ursprung des Menschen
Band 4053

Das grundlegende Werk eines großen Meisters der Spiritualität, das den Weg zur unverkrampften, freien und reifen Haltung eröffnet.

HERDER / SPEKTRUM

Martin Noth
Die Welt des Alten Testaments
Eine Einführung
Band 4060

Palästina – Schauplatz der biblischen Geschichte. Noths Standardwerk klärt
auf über das Land und seine Bewohner zur Zeit des A. T.

Leszek Kolakowski
Falls es keinen Gott gibt
Band 4067

„Falls es keinen Gott gibt, ist alles erlaubt", so Dostojewskij. Doch mit
welchen ethischen und existentiellen Folgen?

Edward Schillebeeckx
Jesus
Die Geschichte von einem Lebenden
Band 4070

Die Ergebnisse der Jesusforschung auf den Punkt gebracht. Das souveräne
Standardwerk.

Das Neue Testament
Einführung von Hans Zahrnt. Mit Zeichnungen von Rembrandt
Band 4087

Die Leseausgabe eines packenden Stücks Weltliteratur, das keinen
unberührt läßt: voll Lebensweisheit, aber auch voller Provokation.

Lexikon der Religionen
Grundbegriffe – Geschichte – Ideen
Herausgegeben von Hans Waldenfels
Begründet von Franz König
Band 4090

„In Fachkompetenz, Klarheit und Aktualität einzigartig" (Süddeutscher
Rundfunk).

HERDER / SPEKTRUM

Peter L. Berger
Der Zwang zur Häresie
Religion in der pluralistischen Gesellschaft
Band 4098

Religion ist kein Schicksal. Man muß sich dafür entscheiden. Ein
kontroverses Buch, das keine Auseinandersetzung scheut.

Sri Aurobindo
Die Bhagavadgita
Mit einem Nachwort von Anand Nayak
Band 4106

Die älteste heilige Schrift der Menschheit in der tiefschürfenden
Übertragung eines der bedeutendsten indischen Yogis.

Die Reden des Buddha
Gleichnisse, Reden, Leben
Übersetzt von Helmut Oldenburg
Herausgegeben und eingeleitet von Heinz Bechert
Band 4112

Texte voll denkerischer Tiefe und Poesie – ein Kompendium des
Weisheitswissens von unvergleichlicher Aktualität.

Hildegard von Bingen
Scivias – Wisse die Wege
Eine Schau von Gott und Mensch in Schöpfung und Zeit
Band 4115

Das Hauptwerk Hildegards: die faszinierenden, überraschend aktuellen
Visionen einer der modernsten Frauen des Mittelalters.

Johann Maier
Geschichte der jüdischen Religion
Band 4116

Die aufregende und wechselvolle Biographie einer der ältesten
Menschheitsreligionen der Welt.

HERDER / SPEKTRUM